Alles mit Äpfeln

Barbara Rusch

Alles mit Äpfeln

Backen • Kochen • Calvados
Sonderteil Apfelessig

unipart

Inhalt

Backen mit Äpfeln 97

Wichtige Backtips 104

Grundteige 105

Rezepte 108

Abkürzungen

TL	=	Teelöffel
EL	=	Eßlöffel
ml	=	Milliliter
cl	=	Zentiliter
l	=	Liter
g	=	Gramm
kg	=	Kilogramm
ca.	=	circa
Msp.	=	Messerspitze
P.	=	Päckchen
Btl.	=	Beutel
Bd.	=	Bund
TK.	=	Tiefkühl…
°C	=	Grad Celsius
Min.	=	Minute(n)
Std.	=	Stunde(n)
∅	=	Durchmesser
F. i.Tr.	=	Fett in der Trockenmasse

Die Gewichtsangaben für frisches Obst und Gemüse beziehen sich auf die ungeputzte Rohware, bei Gemüse und Obst aus der Dose oder aus dem Glas auf das Abtropfgewicht. Bei Eiern ist, falls nicht anders angegeben, stets Gewichtsklasse M gemeint. Die angegebenen Backtemperaturen und Backzeiten gelten für den gebräuchlichen Haushaltselektroherd mit Strahlungshitze. **Sofern nicht anders vermerkt, gelten die Rezepte für 4 Personen.**

Mixgetränke mit Äpfeln 152

Alphabetisches Rezeptverzeichnis 154

Bildnachweise/Impressum 156

Alles über Äpfel

Äpfel sind botanisch gesehen die Früchte der zur Familie der Rosengewächse zählenden Apfelbäume. Dieses seit langem kultivierte Obst stammt ursprünglich wahrscheinlich aus den Regionen zwischen dem Schwarzen Meer und der Kaspischen See, hat sich jedoch im Laufe von Tausenden von Jahren über den ganzen Erdball verbreitet: Wie Ausgrabungsfunde in der Schweiz belegen, wurden Äpfel schon von den dortigen prähistorischen Einwohnern geschätzt, und in der Antike waren Äpfel bei Römern und Griechen gleichermaßen beliebt.

Äpfel werden jedoch nicht nur roh als gesunder und schmackhafter Snack verzehrt, sie finden auch beim Kochen und Backen vielfältige Verwendung, schmecken als Trockenobst, werden zu Saft gepreßt oder zu Most oder Apfelessig vergoren. Vor allem in Frankreich stellt man zudem Apfelbranntwein wie den berühmten Calvados her.

Äpfel stellen bei uns die wichtigste Obstart dar – rund 40 Kilogramm dieser vielseitigen Früchte verzehrt jeder Bundesbürger im Jahr, das entspricht etwa einem Apfel pro Tag. Zwei Drittel der in Deutschland verzehrten Äpfel stammen in durchschnittlichen Erntejahren aus dem heimischen Obstanbau, der Rest wird aus Importen gestellt. Die Hauptanbaugebiete in Deutschland sind das Alte Land / Niederelbe, das Bodenseegebiet, Baden-Württemberg und das Rheinland. Wichtige Apfelimportländer sind für den deutschen Markt Italien, Frankreich und die Niederlande, aber auch Äpfel aus Argentinien, Südafrika, Neuseeland und Australien bereichern das Warenangebot bzw. helfen, Mißernten im eigenen Land auszugleichen.

Vielfalt der Apfelsorten

Weltweit gibt es Hunderte von verschiedenen Apfelsorten, die bisweilen durch intensive Züchtungen entstanden. Eine genaue Anzahl läßt sich jedoch nicht sicher sagen. Hinzu kommt, daß vor allem in Übersee und auf der südlichen Erdhalbkugel alljährlich neue Sorten und Züchtungen entwickelt werden. In der Kochkunst werden die Apfelsorten ganz grob nach ihrem Verwendungszweck in zwei Gruppen geteilt. Hierbei unterscheidet man zwischen Tafeläpfeln sowie Most- und Wirtschaftsäpfeln.

Tafeläpfel, Most- und Wirtschaftsäpfel

Die Tafeläpfel sind bestens für den Sofortverzehr geeignet, lassen sich aber auch vielseitig in der Küche verwenden. Sie schmecken süß und vollaromatisch und sind mehr oder weniger saftig und knackig im Biß. Die Most- und Wirtschaftsäpfel dagegen zeichnen sich durch einen hohen Säuregehalt und meist auch festes Fruchtfleisch aus. Sie werden zur Herstellung von Apfelsaft, Apfelmost, Apfelmus, Apfelessig, Apfelkraut, Apfelwein (»Äppelwoi«) und Trockenobst verwendet.

Apfelsorten und ihre Verwendung

Apfelsorte	roh / Salate	Backen	Kochen	Dünsten	Braten
Alkmene	x	x	x		
Berlepsch	x	x	x		x
Boskoop	x	x	x	x	x
Cox Orange	x	x	x	x	
Elstar	x	x	x		
Glockenapfel	x	x	x		x
Gloster	x	x	x		
Golden Delicious	x	x	x	x	
Goldparmäne	x	x	x	x	x
Gravensteiner	x	x	x	x	
Idared	x	x		x	x
Ingrid Marie	x	x	x		
Jamba	x	x	x	x	x
James Grieve	x	x	x	x	
Jonagold	x		x	x	x
Jonathan	x	x	x	x	x
Morgenduft	x	x	x	x	x

x = gut geeignet

(Quelle: CMA-Faltblatt »Deutsche Äpfel«)

Äpfel richtig lagern

Die Lagerung des Apfels hängt von seinem Reifegrad ab. Hier unterscheidet man zwischen Pflückreife (Baumreife) und Genußreife (Mundreife). Äpfel werden am besten zum Zeitpunkt ihrer Pflückreife geerntet. Man erkennt sie daran, daß der Stiel sich leicht von der Frucht lösen läßt. Manche Apfelsorten haben aber zu diesem Zeitpunkt ihre Genußreife noch nicht erlangt. Sie setzt voraus, daß der Apfel seine optimalen geschmacklichen Eigenschaften aufweist. Diesen Zustand erreichen manche Apfelsorten erst Tage oder gar Monate nach der Pflückreife. In dieser Zeit muß der Apfel richtig gelagert werden, denn in ihm finden noch wichtige Reifungsprozesse und stoffliche Veränderungen statt. Man unterscheidet folgende Lagerungsmöglichkeiten:

Normallager

Bei dieser Lagerungsart werden die Äpfel in dunklen, kühlen Kellern, Scheunen und ähnlichen Räumlichkeiten aufbewahrt. Dabei muß stets auf ausreichende Luftzirkulation geachtet werden, wobei die nächtliche kühle und feuchte Außenluft genutzt wird. Die Äpfel werden dicht nebeneinander in einer Lage auf einem Holzlattenrost ausgebreitet, sollten sich aber gegenseitig nicht berühren. Diese klassische Art der Lagerung wird heute noch in Haushalten praktiziert, die selbst Obst anbauen.

Kühllager

Bei dieser Lagerungsart werden die Früchte im Lagerraum mit Kältemaschinen kühl gehalten.

CA-Lagerung

Darunter versteht man eine kühle Lagerung in einer Raumluft, die einen ganz bestimmten Gehalt an Kohlendioxid (CO_2) und Sauerstoff (O_2) aufweist. CA steht für »controlled atmospheres«, also »kontrollierte Atmosphäre«.

Allgemeines zur Lagerung

Ein besonderes Phänomen tritt bei der gleichzeitigen Lagerung von reifenden Äpfeln und anderen Früchten oder Gemüsesorten auf: Während der Lagerung scheiden die reifenden Äpfel das Gas Äthylen aus, das die Haltbarkeit von anderen Früchten und von einigen Gemüsearten beeinträchtigt. Insbesondere langsam und

spät reifende Produkte sind hiervon betroffen: Frühreife Äpfel sollten also niemals zusammen mit typischen Lageräpfeln aufbewahrt werden, denn sonst wird der Reifungsprozeß der Lageräpfel, der langsam vonstatten gehen muß, durch das Gas beschleunigt, und sie sind aufgrund dessen schlechter haltbar. Auf dieses Phänomen sollte man auch achten, wenn man Äpfel zu Hause lagert. So werden beispielsweise Gurken, die zusammen mit reifenden Äpfeln gelagert werden (z. B. im Gemüsefach des Kühlschranks), durch das von den Äpfeln abgegebene Äthylen gelb und welk.

Wertvolle Inhaltsstoffe

»An apple a day keeps the doctor away!« lautet ein altes englisches Sprichwort, das bis heute nichts von seiner Gültigkeit verloren hat. Denn Äpfel sind ausgesprochen gesunde Früchte und diätetisch wertvoll. In der Literatur werden sie sogar als das »medizinische Obst« schlechthin bezeichnet.

Säuren und Pektin

Äpfel sind reich an verschiedenen Säuren, so z. B. Äpfel-, Zitronen-, Bernstein- und Milchsäure, und enthalten mehrere Zuckerarten. Von großer ernährungsphysiologischer Bedeutung ist ihr Gehalt an Pektin, einem löslichen Ballaststoff, der hauptsächlich in den Apfelschalen vorkommt. Pektin wirkt cholesterinsenkend, denn es vermag aufgrund seiner Löslichkeit im Darm die für die Fettverdauung notwendigen Gallensäuren an sich zu binden. Da diese Säuren nun »außer Gefecht« gesetzt sind, muß der Körper neue Gallensäuren herstellen. Der Organismus greift dann auf Nahrungscholesterin zurück, das ihm als Baustein für die Gallensäuren dient. Durch diesen

Umwandlungsprozeß sinkt der Cholesterinspiegel.

Pektin wirkt sich zudem auch günstig auf die Darmtätigkeit aus. Der lösliche Ballaststoff quillt im Darm auf, bindet dort Wasser, hilft, daß der Darminhalt geschmeidig bleibt, und erhöht das Darmvolumen. Zudem wird die Darmbewegung (Peristaltik) angeregt und der Darminhalt besser vorwärts bewegt. Ein träger Darm kommt durch eine Apfel- oder Apfelessigkur schnell wieder in Schwung. Äpfel sind aber auch ein bewährtes Mittel gegen Durchfall; allerdings muß man sie für diesen Zweck sorgfältig schälen und möglichst fein reiben.

Mineralstoffe und Vitamine
Eine wichtige Rolle spielt der Apfel als Mineralstoff- und Vitaminlieferant. Über 20 Mineralstoffe sind in ihm enthalten, allen voran Kalium, und fast alle bekannten Vitamine kommen darin vor.

Doch der Vitamingehalt vor allem von Vitamin C schwankt von Sorte zu Sorte. Als Durchschnittswert wird in Nährwerttabellen ein Vitamin-C-Gehalt von 12 Milligramm pro 100 g Apfel angegeben. Die Sorten Morgenduft und Starking enthalten nur bis zu 5 Milligramm, Gloster, Jonathan, Melrose und Granny Smith 5 bis 10 Milligramm. Alkmene, Cox Orange, Elstar, Glockenapfel und einige andere weisen immerhin einen Gehalt von 10 bis 20 Milligramm auf, und Berlepsch und Ontario erreichen Spitzenwerte von bis zu 40 Milligramm Vitamin C pro 100 g Frischsubstanz. Diese Zahlen gelten stets für den Apfel zum Zeitpunkt der Genußreife, wenn der Vitamin-C-Gehalt am höchsten ist.

Warum werden Äpfel braun?
Wußten Sie, daß Äpfel nach dem Anschneiden um so langsamer braun werden, je mehr Vitamin C sie enthalten? Vitamin C wirkt als »Antioxidans« und Fänger von sogenannten freien Radikalen, reaktionsfähigen, bisweilen sehr aggressiven Sauerstoffverbindungen. Es schützt das Fruchtfleisch vor dem Angriff oxidativer Enzyme (Peroxidasen). Unreife Äpfel, die ihren optimalen Gehalt an Vitamin C noch nicht erreicht haben, werden an den Schnittstellen besonders schnell braun. Um das rasche Braunwerden, das in der Fachsprache »enzymatische Bräunung« genannt wird, zu verhindern, beträufelt man geschnittene Äpfel mit Zitronensaft. Sie sollten stets schnell weiterverarbeitet werden. Durch Erhitzen werden die Enzyme zerstört.

Äpfel zu jeder Zeit

Äpfel gehören wohl zu den praktischsten Obstsorten, die wir kennen. Man kann sie gut mitnehmen, sie lassen sich ganz einfach ohne Kleckern essen, man braucht kein Messer, und es bleibt fast kein Abfall übrig. Sie sind der ideale Snack für Schule und Arbeit! Zudem sind Äpfel relativ preiswerte Früchte, die man das ganze Jahr über bekommt. Lauter gute Gründe also, das bereits zitierte Sprichwort vom täglichen Apfel zu beherzigen und stets einen Apfel griffbereit zu haben. Ob morgens im Müsli, zwischendurch einfach pur, mittags im Rohkostsalat und nachmittags auf dem Kuchen – Verwendungsmöglichkeiten gibt es mehr als genug. Genießen Sie einfach unseren Streifzug durch die »Apfelküche«, und lassen Sie sich zum Ausprobieren anregen!

Apfelessig

Apfelessig ist ein seit Jahrtausenden bekanntes und in der Küche als Würze, aber auch als Getränk oder Konservierungsmittel verwendetes Hausmittel, das bei uns in den letzten Jahren eine regelrechte Renaissance feiert. Die Gründe für diese wiedererwachte Aufmerksamkeit liegen auf der Hand: Apfelessig schmeckt nicht nur gut und läßt sich in der Küche vielfältig verwenden, er ist auch äußerst gesund. Der »Zaubertrank« aus der Naturapotheke findet auch in der Naturheilkunde und in der Körperpflege eine breite Palette von Einsatzmöglichkeiten.

Apfelessig in der Ernährung

In der Kochkunst besitzt Essig eine herausragende Bedeutung, sei es als delikates Würzmittel, das Speisen und Salaten das »Tüpfelchen auf dem i« verleiht, oder als natürliches Konservierungsmittel, das beim Einlegen vom Gemüse und Obst oder beim Kochen beispielsweise von würzig-pikanten Chutneys unverzichtbar ist. Außerdem lassen sich aus Apfelessig schmackhafte und gesundheitsfördernde Getränke herstellen. Doch vielfach fristet Essig als Zutat ein reines Schattendasein und wird in Rezepten nicht weiter spezifiziert, obwohl die verschiedenen Essigsorten – abhängig von den vergorenen Rohstoffen, aus denen sie gewonnen werden – sich in ihrem Geschmack erheblich voneinander unterscheiden. So schmeckt z. B. Apfelessig typisch fruchtig-mild und erfrischend. Er eignet sich hervorragend zum Beizen und Marinieren von hellem und dunklem Fleisch, für Salatmarinaden und zum Einlegen und Konservieren von Obst und Gemüse, für Marinaden von Blatt- und Gemüsesalaten sowie zum Würzen von Fleisch- und Gemüsegerichten.

Wie wird Apfelessig hergestellt?
Apfelessig wird aus hochwertigen Tafeläpfeln gewonnen, die z. B. als »Streu-« oder »Fallobst« nicht in den Endhandel kommen. Bevorzugte Sorten sind hierbei Boskoop, Cox Orange und Gravensteiner, aber auch Elstar oder Ingrid Marie. Die verwendeten Früchte müssen vollreif sein, damit sie über einen hohen Grad an Zucker und Aromastoffen verfügen.

Zur Herstellung von Apfelessig werden die Äpfel geerntet, gewaschen und ungeschält gepreßt, weshalb sie biologisch, d. h. ohne Verwendung von Pestiziden, angebaut werden sollten. Der so gewonnene Apfelsaft wird mit Hilfe von Hefen zu herbem Apfelwein vergoren, der die Basis für die Herstellung des Apfelessigs bildet. Der Apfelwein nun wird durch Zusatz von Essigsäurebakterien in Essig umgesetzt. Dabei oxidiert der Alkohol, nimmt also Sauerstoff auf, und wird zu Essigsäure. Endprodukt dieses Gärungsprozesses ist Apfelessig, der unter die Kategorie der Gärungsessige fällt.

Apfelessig schnell und einfach selber herstellen
In der heimischen Küche läßt sich Apfelessig jedoch auch leicht selber aus Apfelsaft, Essigessenz und Wasser herstellen. Essigessenz ist verdünnte Essigsäure, die synthetisch aus dem Verknüpfen der Elemente Kohlenstoff, Wasserstoff und Sauerstoff gewonnen wird. Synthetisierte Essigsäure entspricht ganz der durch Gärung entstandenen Essigsäure und ist geschmacksneutral.

Apfelessig

300 ml frisch gepreßter Apfelsaft
(ersatzweise klarer oder naturtrüber Apfelsaft als Fertigprodukt)
100 ml Essigessenz (25 %)
100 ml Wasser

Vermischen Sie den Apfelsaft mit der Essigessenz und dem Wasser, und füllen Sie das Ganze in eine verschließbare Karaffe oder Flasche. Der so gewonnene Apfelessig ist mindestens 6 Monate haltbar.

Aus Apfelessig lassen sich jedoch auch noch weitere Essigspezialitäten herstellen, die vielen Ihrer Gerichte besonderen Geschmack verleihen.

Apfel-Kräuteressig

2–3 Zweige frisches Basilikum
2–3 Zweige frischer Estragon
1 Zweig frischer Rosmarin
einige Salbeiblätter
400 ml Apfelessig
100 ml Apfelwein

Die Kräuter verlesen, waschen und gründlich trockentupfen. Sie in eine hübsche Flasche geben und den Apfelessig und -wein darübergießen. Die Flasche verschließen und den

Kräuteressig eine Woche ziehen lassen. Ihn dann abfiltern und zurück in die Flasche geben. Achten Sie darauf, daß die Kräuter immer gut mit Essig bedeckt sind.

Apfel-Himbeeressig

250 g Himbeeren
400 ml Apfelessig
100 ml Weißwein

Die Himbeeren verlesen, waschen und putzen. Die Früchte zusammen mit dem Apfelessig aufkochen und abkühlen lassen. Die Mischung zusammen mit dem Wein in einem verschlossenen Gefäß 2 Wochen ziehen lassen, das Ganze regelmäßig schütteln. Danach ein sauberes Nessel- oder Leintuch in eine Schüssel geben, die Mischung daraufgeben und sie durch das Tuch filtern. Den gefilterten Essig kurz aufkochen und heiß in eine Flasche füllen. Diese gut verschließen.

Einlegen, Sterilisieren und Konservieren mit Apfelessig

Unter Einlegen versteht man das Marinieren von Lebensmitteln in einer konservierenden, säurehaltigen Flüssigkeit, die davon ganz umgeben sein müssen. Das Einlegen von Lebensmitteln in Essig erfreut sich heute wieder steigender Beliebtheit. Apfelessig harmoniert hierbei besonders gut mit Gemüsesorten wie etwa grünen Bohnen, Gurken, Kürbis, Paprikaschoten und Tomaten, aber auch Früchten wie – natürlich – Äpfeln, Aprikosen, Birnen, Pflaumen und Weintrauben. Lassen Sie Ihrer Kreativität freien Lauf, und würzen und kombinieren Sie phantasievoll und individuell nach persönlicher Vorliebe.

Notwendige Säure
Beim sogenannten kalten Einlegen wird rohes oder blanchiertes Obst oder Gemüse in ein luftdicht verschließbares Gefäß gegeben und mit kaltem Essigsud übergossen. Dieser kann mit Gewürzen und Zucker geschmacklich variiert werden. Werden die Lebensmittel hierbei ohne weitere Konservierungsmittel wie etwa Zucker eingelegt, sollte der Sud über einen Säureanteil von mindestens 4,5 Prozent verfügen – d.h., Apfelessig, der ja 5 Prozent Säure aufweist, kann je nach Belieben pur oder leicht verdünnt verwendet werden. Werden noch weitere Konservierungsmittel zugefügt, reicht eine Säurekonzentration von 1,8 bis 2 Prozent aus. Verdünnen Sie in diesem Fall den Apfelessig im Verhältnis 4:6, also z.B. 400 Milliliter Apfelessig und 600 Milliliter Wasser für 1 Liter Sud.

Wenn Sie kalt Eingelegtes durch Einkochen sterilisieren, ist ebenfalls ein Säuregrad von weniger als 2 Prozent ausreichend. Einmachgut, das kochendheiß in Gläser gefüllt und sterilisiert wird, erfordert ebenfalls keinen besonderen Säuregehalt.

Fit mit Apfelessig – der Inhalt macht's

Der Grund für die positiven Eigenschaften des Apfelessigs liegt auf der Hand: Alle löslichen wertvollen Inhaltsstoffe vollreifer Äpfel finden sich auch im Apfelessig – mit Ausnahme des Zuckers. Hierzu gehören vor allem 20 Mineralstoffe (Mengen- und Spurenelemente), aber auch verschiedene Aminosäuren, Enzyme und der cholesterinsenkende lösliche Ballaststoff Pektin, der vor allem aus den Apfelschalen stammt. Die Liste der in einem aus frisch gepreßtem Apfelsaft ohne Pasteurisierung hergestellten Apfelessig nachweisbaren Inhaltsstoffe liest sich wie ein »Who's who« der gesunden Nährstoffe und reicht von löslichen Ballaststoffen über Vitamin-A-Äquivalenten, B-Vitaminen, Vitamin C und Niacin bis hin zu Kalium, Natrium und Calcium.

Die Bandbreite der aus diesen Inhaltsstoffen resultierenden positiven Eigenschaften ist beeindruckend: Das erfrischende Würzmittel und Getränk wirkt desinfizierend, belebt den Stoffwechsel, regt die Darmtätigkeit an, ist durchblutungsfördernd, verbessert die Versorgung mit Mineralstoffen, senkt erhöhte Blutfettwerte und stärkt noch dazu die körpereigene Immunabwehr.

Apfelessig in der Naturheilkunde

Als bewährtes natürliches Haus- und Heilmittel kann der Apfelessig auf eine lange Geschichte zurückblicken. Doch auch heute noch wird er aufgrund seiner gesundheitsfördernden Eigenschaften von vielen zur Behandlung von kleineren Beschwerden verwendet. Der »Zaubertrank« kann hierbei jedoch niemals eine ärztliche Therapie ersetzen. Deshalb: Bei ernsten, länger anhaltenden Beschwerden sollten Sie immer einen Arzt konsultieren. Apfelessig kann jedoch eine notwendige medikamentöse Behandlung unterstützen. Im folgenden finden Sie einige Beispiele, wie Apfelessig naturheilkundlich eingesetzt werden kann.

Beispiele für Anwendungen mit Apfelessig

Als Mittel der Volksmedizin kann Apfelessig sowohl innerlich als auch äußerlich angewendet werden. Bei der innerlichen Anwendung hat sich folgender Apfelessigtrunk bewährt: Geben Sie hierzu 1 Eßlöffel Apfelessig zusammen mit 1 Teelöffel flüssigem Honig in ein Glas (200 Milliliter) Wasser oder Mineralwasser. Dieser »Power-Drink« kann, regelmäßig eingenommen, ganz erstaunliche Wirkungen entfalten. Allmorgendlich genossen, kurbelt er den Stoffwechsel wie die Verdauung an und senkt den Cholesterin-Blutspiegel.

Entschlacken

Mit Apfelessig kann man sich auch erfolgreich entschlacken. Bei einer Entschlackungskur wird nichts gegessen, jedoch sehr viel getrunken – und zwar kalorienarme, kochsalzfreie und mineralstoffreiche Getränke. Ergänzen Sie die Palette der Anwendungen, indem Sie dreimal täglich zusätzlich ein Glas Apfelessigtrunk aus 100 Milliliter stillem Mineralwasser, 1 Teelöffel Apfelessig und 1 Teelöffel Honig zu sich nehmen.

Nach der Entschlackungskur können Sie dann auf leichte, kalorienarme Kost umsteigen. Unterstützen Sie dabei Ihre Verdauung, indem Sie vor jeder Hauptmahlzeit Apfelessigwasser aus 100 ml Wasser und 1 Teelöffel Apfelessig zu sich nehmen.

Probleme im Magen-Darm-Trakt

Gegen Aufstoßen hilft, während der Mahlzeit in kleinen Schlucken Apfelessigtrunk zu sich zu nehmen. Blähungen kann man vermeiden, wenn man vor den Mahlzeiten 1 Glas Apfelessigtrunk in kleinen Schlucken trinkt. Wer unter Darmträgheit leidet, sollte eine Apfelessigkur ausführen. Hierzu trinkt man täglich vor jeder Mahlzeit ein kleines Glas Apfelessigtrunk. Das Pektin bewirkt eine bessere Darmtätigkeit, und die Säure bewirkt im Mund verstärkt die Produktion von Verdauungssäften.

Wen hingegen Durchfall erwischt hat, muß zunächst viel trinken, damit die Verluste an Flüssigkeit und Mineralstoffen wieder ausgeglichen werden. Mit Apfelessig führen Sie sich hierbei vor allem Kalium, aber auch andere Mineralstoffe zu. Zudem tötet die Säure im Darm schädliche Bakterien ab und fördert den Neuaufbau der Darmflora.

Erkältungskrankheiten

Solange die Erkältung noch im Anzug ist, kann Inhalieren mit Apfelessigwasser, das zu gleichen Teilen aus Apfelessig und Wasser gemischt wird, lindernd wirken. Der durch den Apfelessig saure Wasserdampf befreit die Nase, verstärkt die Verflüssigung und Sekretion des Schleims und desinfiziert die Atemwege.

Wenn der Körper schon mit Fieber auf die Krankheitserreger reagiert, können Sie mit dem Apfelessigtrunk den damit verbundenen Mineralstoffmangel ausgleichen. Bei längerem hohem Fieber haben sich Wadenwickel bewährt, die mit 3 Teilen kaltem Wasser und 1 Teil Apfelessig getränkt sind. Lindernd bei Halsschmerzen wirkt ein Apfelessigtrunk aus 200 Millilitern heißem Wasser, 2 Teelöffeln Honig und 2 Teelöffeln Apfelessig, der mehrmals täglich in kleinen Schlucken getrunken wird.

Tips und Tricks zum Kochen mit Apfelessig

Suppen und Eintöpfe
Beim Kochen von Fleischsuppe bildet sich durch die in Fleisch und Knochen enthaltenen Eiweiß- und Mineralstoffe trüber Schaum. Dieser wird in der Regel abgeschöpft, wobei jedoch die wertvollen Inhaltsstoffe verlorengehen. Dies können Sie jedoch vermeiden, wenn Sie bei Suppen auf 5 Liter Flüssigkeit 1 Teelöffel Apfelessig dazugeben. Der Schaum bildet sich zurück, und die Brühe wird klar, ohne daß sie an Gehalt verliert.

Wenn Sie Eintöpfen aus Hülsenfrüchten etwas Apfelessig hinzufügen, werden diese bekömmlicher, schmecken intensiver, und die Mineralstoffe können vom Körper besser genutzt werden.

Fleisch
Fleisch wird besonders zart und mürbe, aber auch leichter verdaulich, wenn es einige Zeit in Essigbeizen eingelegt wird.

Fisch
Wenn man gesäubertes Fischfleisch mit Apfelessig einreibt, festigt sich das zarte Bindegewebe. Das Fischfleisch fällt dadurch beim Garen nicht so leicht auseinander und bleibt saftiger. Vor dem Würzen mit anderen Zutaten das Fischfleisch immer gut abtupfen, damit es nicht zu sauer schmeckt!

Obst und Gemüse
Damit sich einige Obst und Gemüsearten (z.B. Äpfel, Bananen, Birnen) an den Schnittstellen nicht braun verfärben, sollte man sie immer mit etwas (verdünntem) Apfelessig beträufeln.

ORANGE PEEL
CAYENNE
PEPPER
GROUND
DILL SALT
Zucker

Eingelegte Apfelstücke mit blauen Trauben

(siehe Foto links)

Zutaten für ca. 2 Gläser à 1 l

1 kg säuerliche Äpfel
500 g blaue Trauben
1 Vanillestange
2 TL Ingwerpulver
450–500 ml Apfelessig
125 ml Korn (z.B. Apfelkorn)
150 g Zucker

- **Zubereitungszeit: ca. 30 Min.**
- **Zeit zum Ziehen: mindestens 1 Woche**

1 Die Äpfel waschen, schälen und achteln. Die Kerngehäuse entfernen. Die Apfelachtel noch einmal quer durchschneiden und in eine Schüssel geben.

2 Die Weinbeeren abzupfen, waschen und trockentupfen. Sie mit den Apfelstücken vermischen. Die Vanillestange der Länge nach teilen und zusammen mit den Äpfeln und Weinbeeren sowie je 1 Teelöffel Ingwerpulver in zwei Gläser schichten.

3 Für den Sud den Apfelessig zusammen mit dem Korn und dem Zucker in einen Topf geben und bei geringer Hitze so lange verrühren, bis der Zucker gelöst ist. Den Sud noch heiß in die Gläser füllen. Diese sofort verschließen und mindestens eine Woche stehenlassen.

Variation

Anstelle von Apfelessig können Sie auch 6–7 EL Essigessenz (25 %) und 375 ml Apfelsaft verwenden.

Süß-saure Pflaumen

(ohne Abbildung)

Zutaten für ca. 3–4 Gläser à 500 ml

1 kg Pflaumen
100 g frischer Ingwer
25 g rote Pfefferschoten
250 ml Apfelessig
300 g brauner Zucker
150 ml Rotwein
150 ml trockener Portwein
1 Stange Zimt
3 Gewürznelken
abgeriebene Schale von
1 unbehandelten Zitrone

- **Zubereitungszeit: ca. 30 Min.**
- **Zeit zum Ziehen: ca. 12 Std.**

1 Die Pflaumen waschen, trockenreiben, entstielen, halbieren und entsteinen. Sie in eine große Schüssel geben. Den Ingwer schälen und in dünne Scheiben schneiden. Die Pfefferschoten waschen und trockentupfen. Sie längs halbieren, entkernen und quer in dünne Streifen schneiden.

2 Den Apfelessig zusammen mit Zucker, Rotwein, Portwein, 50 ml Wasser, Pfefferschoten, Zimtstange, Nelken und Zitronenschale aufkochen und den Sud über die Pflaumen gießen. Das Ganze zugedeckt über Nacht kühl stellen.

3 Danach die Pflaumen über einem Sieb abgießen, abtropfen lassen und in die Gläser schichten. Den Sud aufkochen, gegebenenfalls noch einmal mit Essigessenz und Zucker abschmecken und kochendheiß so über die Früchte gießen, daß sie ganz bedeckt sind. Die Gläser sofort verschließen. Die Pflaumen sind etwa 6 Monate haltbar.

Tip

Verwenden Sie beim Einmachen immer nur einwandfreies, sorgfältig gewaschenes und geputztes Obst und Gemüse, damit das Einmachgut nicht verdirbt.

Vanilleäpfel

Zutaten für ca. 7 Gläser à 1 l

abgeriebene Schale von
2 unbehandelten Zitronen
750 ml Cidre
700 ml Apfelsaft
50 ml Apfelessig
2 Vanilleschoten
3,5 kg kleine säuerliche Äpfel
etwas Essigessenz (25 %)
300 g Gelierzucker

- **Zubereitungszeit: ca. 1 Std. 25 Min.**

1 Für den Sud die Zitronenschale zusammen mit Cidre, Apfelsaft und -essig in einen Topf geben. Die Vanilleschoten längs halbieren, das Mark herauskratzen. Beides dazugeben. Das Ganze aufkochen, zudecken und beiseite stellen.

2 Die Äpfel waschen, schälen und in mit Essigessenz gesäuertes kaltes Wasser legen. Sie halbieren, entkernen und zusammen mit dem Gelierzucker in die Gläser schichten. Den Sud kalt oder lauwarm über die Äpfel gießen, so daß sie ganz bedeckt sind. Je 1 Stück Vanilleschote dazugeben und die Zitronenschale in die Gläser verteilen.

3 Die Gläser gut verschließen, in kaltes oder lauwarmes Wasser in einem Einkochtopf stellen und etwa 35 Minuten bei 95 °C einkochen. Sobald der Glasinhalt zu perlen beginnt, den Herd abschalten und die Gläser etwa 30 Minuten im geschlossenen Topf lassen. Die Vanilleäpfel sind bis zu 1 Jahr haltbar.

Aprikosenchutney

Zutaten für 4 Gläser à 450 g
125 g ungeschwefelte Korinthen
1 kg Aprikosen
300 g Bananen
1 grüne Paprikaschote
1 kg Zucker
1 Msp. Cayennepfeffer
1 TL schwarzer Pfeffer aus der Mühle
2 Msp. Nelkenpulver
1 Msp. Kardamom
1 TL getrocknete Schale von
1 unbehandelten Orange
350 ml Apfelessig

● **Zubereitungszeit: ca. 2 Std.**

1 Die Korinthen in einem Sieb waschen und abtropfen lassen. Die Aprikosen waschen, halbieren entkernen und grob zerkleinern. Die Bananen schälen und grob würfeln. Die Paprikaschote waschen, trockentupfen und halbieren. Sie entkernen, von den weißen Innenteilen befreien und würfeln.

2 Das Obst zusammen mit Korinthen, Zucker und Paprikawürfeln in einen Topf geben und unter Rühren aufkochen lassen. Das Ganze mit Cayennepfeffer, Pfeffer, Nelkenpulver, Kardamom und Orangenschale scharf abschmecken und etwa 1 Stunde leise einkochen lassen.

3 Dann den Apfelessig dazugeben und das Chutney noch etwa 30 Minuten bei geringer Hitze kochen lassen. Es in die Gläser füllen und diese fest verschließen. Das Chutney ist mindestens 6 Monate haltbar.

Apfel-Zwiebel-Chutney

Zutaten für ca. 4 Gläser à 450 g

1 kg Äpfel
150 g Zwiebeln
30 g frischer Ingwer (ersatzweise
1 1/2 TL Ingwerpulver)
150 g ungeschwefelte Rosinen
1EL Senfkörner
300 ml Apfelessig
600 g brauner Kandiszucker
1–2 TL Salz
1 Msp. Cayennepfeffer

● **Zubereitungszeit: ca. 1 Std.**

1 Die Äpfel waschen, schälen und vierteln. Sie vom Kerngehäuse befreien und die Apfelviertel quer in dünne Scheiben schneiden. Die Zwiebeln schälen und in Würfel schneiden. Den Ingwer schälen und fein würfeln. Die Rosinen verlesen, auf einem Sieb mit heißem Wasser waschen und abtropfen lassen.

2 Apfel-, Zwiebel- und Ingwerstücke zusammen mit Rosinen, Senfkörnern, Apfelessig, Zucker, Salz und Cayennepfeffer in einen Topf geben und das Ganze unter Rühren 40 bis 50 Minuten dick einkochen lassen. Das Chutney heiß in die Gläser füllen, diese gut verschließen.

Variation

Anstelle von Apfelessig können Sie auch 5 Eßlöffel Essigessenz (25 %) zusammen mit 250 ml Apfelsaft verwenden.

Sellerie-Apfel-Chutney

Zutaten für ca. 4 Gläser à 450 g
800 g Staudensellerie
1,5 kg mürbe, säuerliche Äpfel
150 g Karotten
1 Gemüsezwiebel (ca. 250 g)
200 g ungeschwefelte Rosinen
300 ml Apfelessig
250 g brauner Zucker
250 g brauner Kandiszucker
10 Gewürznelken
1 EL Senfkörner
2 Lorbeerblätter
Salz, schwarzer Pfeffer aus der Mühle

- **Zubereitungszeit:
ca. 1 Std. 20 Min.**

1 Den Sellerie putzen, waschen und in dünne Scheiben schneiden. Die Äpfel waschen, schälen, vierteln, entkernen und in dünne Scheiben schneiden. Die Karotten waschen, schälen und in kleine Würfel schneiden. Die Zwiebel schälen und würfeln. Die Rosinen verlesen, auf einem Sieb heiß abwaschen und abtropfen lassen.

2 Den Apfelessig zusammen mit Zucker und Kandiszucker aufkochen und den Zucker auflösen lassen. Sellerie, Karotten, Zwiebel, Äpfel, Rosinen, Gewürznelken, Senfkörner und Lorbeerblätter dazugeben. Das Ganze bei geringer Hitze etwa 1 Stunde unter häufigem Rühren dicklich einkochen, dabei nach etwa 30 Minuten mit Salz und Pfeffer abschmecken. Das Chutney heiß in die Gläser füllen, diese gut verschließen.

Kürbis mit Zucchini

Zutaten für ca. 4–5 Gläser à 1 l

2 kg Kürbis
400 g Zucchini
750 ml Apfelessig
4 EL Zucker
1 TL Salz
1 TL Senfpulver
10 Gewürznelken
2 EL Senfkörner
einige Estragonblätter
einige Dillblüten

● **Zubereitungszeit: ca. 45 Min.**

1 Den Kürbis in Spalten schneiden, entkernen und schälen. Das Kürbisfleisch in Würfel schneiden. Die Zucchini putzen, waschen, trockentupfen und in dicke Scheiben schneiden.

2 Den Apfelessig zusammen mit Zucker, Salz, Senfpulver und 750 ml Wasser in einen Topf geben und zum Kochen bringen. Die Nelken und Senfkörner dazugeben. Die Kürbis- und Zucchinistücke hinzufügen und im Sud glasig kochen. Dabei darauf achten, daß sie nicht zu weich werden.

3 Das Gemüse mit einem Schaumlöffel herausnehmen und zusammen mit den Estragonblättern und Dillblüten in die Gläser schichten. Den Sud so darübergießen, daß das Gemüse mit Flüssigkeit bedeckt ist. Die Gläser gut verschließen, in kaltes oder lauwarmes Wasser in einem Einkochtopf stellen und etwa 30 Minuten bei 90 °C einkochen.

Knoblauch mit Tomaten

Zutaten für ca. 4 Gläser à 250 ml

2 kg kleine Tomaten
6 Knollen frischer Knoblauch (ca. 500 g)
1 TL schwarze Pfefferkörner
1 TL Koriandersamen
1 TL Kreuzkümmel
250 ml Weißwein
60 ml Apfelessig
2 TL Salz
4 EL Honig
1 Bd. frischer Koriander
500 ml kaltgepreßtes Olivenöl

- **Zubereitungszeit: ca. 40 Min.**
- **Zeit zum Trocknen: ca. 10 bis 12 Std.**
- **Zeit zum Ziehen: mindestens 1 Woche**

1 Den Backofen auf 120 °C vorheizen. Ein Backblech mit Backpapier auslegen. Die Tomaten waschen, trockenreiben und auf dem Blech im Ofen etwa 10 Stunden, am besten über Nacht, trocknen lassen. Dabei die Ofentür einen Spalt offenlassen. Sie dann auskühlen lassen.

2 Den Knoblauch in die Zehen zerteilen und schälen. Die Pfefferkörner zusammen mit den Koriandersamen und dem Kreuzkümmel in einer beschichteten Pfanne ohne Fettzugabe kurz rösten. Sie zusammen mit Wein, Apfelessig, Salz, Honig und 60 ml Wasser aufkochen. Den Knoblauch dazugeben und zugedeckt etwa 3 Minuten im Sud kochen lassen. Knoblauch und Gewürze auf ein Sieb geben, abtropfen und abkühlen lassen.

3 Den Koriander waschen und trockenschütteln. Ihn zusammen mit den getrockneten Tomaten, dem Knoblauch und den Gewürzen in die Gläser füllen und das Ganze mit dem Olivenöl aufgießen. Die Gläser sofort verschließen und den Inhalt mindestens eine Woche ziehen lassen.

Bunte Paprikaschoten

Zutaten für ca. 2 Gläser à 1 l
500 g rote Paprikaschoten
500 g gelbe Paprikaschoten
1–2 TL Salz
250 g Lauchzwiebeln
2 Knoblauchzehen
2 Lorbeerblätter
20 schwarze Pfefferkörner
300 ml Apfelessig

● **Zubereitungszeit: ca. 50 Min.**

1 Die Paprikaschoten waschen und trockenreiben. Sie vierteln oder achteln, entkernen und von den weißen Innenteilen befreien. Die Paprikastücke in 500 Milliliter kochendes Salzwasser geben und darin etwa 1 Minute kochen lassen. Sie auf ein Sieb abgießen, kalt abschrecken und abtropfen lassen. Den Gemüsesud dabei auffangen.

2 Die Lauchzwiebeln putzen, waschen und schräg in 3 bis 4 cm lange Stücke schneiden. Den Knoblauch schälen und in Scheiben schneiden. Die Lauchzwiebeln zusammen mit Paprikastücken, Knoblauchscheiben, Lorbeerblättern und Pfefferkörnern in die Gläser füllen. Den Gemüsesud mit Apfelessig und wenn nötig Wasser auf 800 Milliliter Flüssigkeit auffüllen. Ihn über das Gemüse gießen, bis es gerade damit bedeckt ist.

3 Die Gläser gut verschließen, in kaltes oder lauwarmes Wasser in einem Einkochtopf stellen und etwa 30 Minuten bei 100 °C einkochen. Die eingelegten Paprika sind mindestens 6 Monate haltbar.

Tip

Immer langsam erhitzen, da sonst die Gläser platzen.

Senfgemüse mit Estragon

Zutaten für ca. 6 Gläser à 500 ml

750 g Blumenkohl
750 g Brokkoli
500 g Kirschtomaten
500 g Schalotten
500 g Karotten
1 Bd. Estragon
Salz
2 EL Senfpulver
1,25 l Apfelessig
200 g Zucker
1 EL Senfkörner
1 geh. EL Speisestärke
2 EL Dijon-Senf

● **Zubereitungszeit: ca. 50 Min.**

1 Blumenkohl und Brokkoli in die Röschen zerteilen, waschen und putzen. Die Stile schälen und in etwa 0,5 cm dicke Scheiben schneiden. Die Kirschtomaten waschen, trockentupfen und vom Stielansatz befreien. Die Schalotten schälen, die Karotten putzen, waschen und schälen. Schalotten und Karotten gegebenenfalls halbieren. Den Estragon abbrausen, trockenschütteln. Die Blätter abzupfen und hacken.

2 5 Liter kräftig gesalzenes Wasser aufkochen und das Gemüse außer den Kirschtomaten darin nacheinander bißfest garen. Es mit einem Schaumlöffel herausnehmen, über einem Sieb abtropfen lassen und dann dekorativ in die Gläser schichten.

3 Das Senfpulver in den Apfelessig einrühren und das Ganze zusammen mit Zucker und Senfkörnern aufkochen. Die Speisestärke in etwas kaltem Wasser verrühren und den Sud damit binden. Den Estragon und den Senf dazugeben und den kochendheißen Sud über das Gemüse geben. Die Gläser sofort verschließen. Das Senfgemüse ist etwa 6 Monate haltbar.

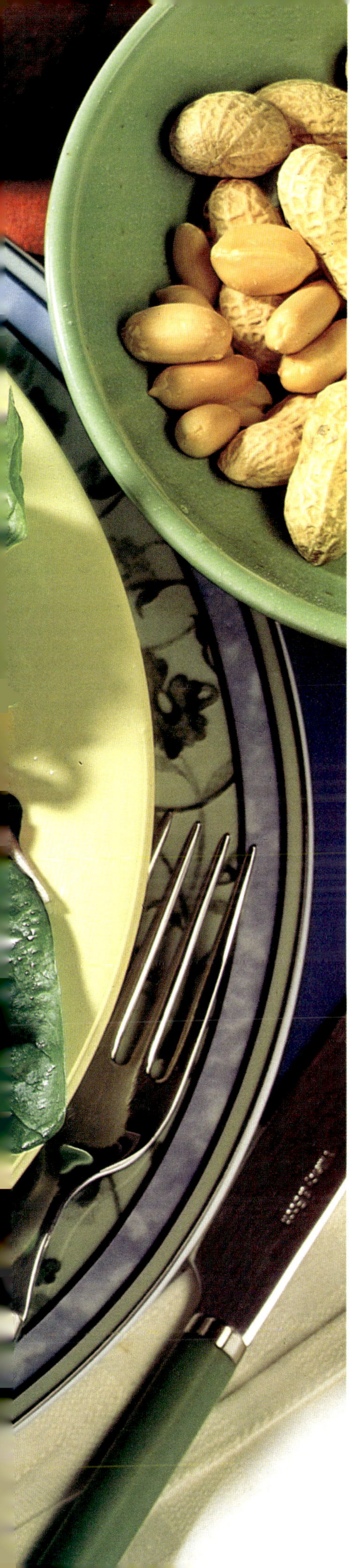

Kochen mit Äpfeln

Äpfel finden in der Kochkunst nicht nur roh in Salaten und kalten Gerichten ausgezeichnete Verwendung, sondern können auch gekocht, gebraten oder gedünstet leckeren Mehlspeisen und herzhaften Hauptgerichten »Pfiff« verleihen.

Spinatsalat mit Äpfeln und Nüssen, Rezept siehe Seite 36

Apfel-Honig-Brot

4 Äpfel
1 EL Zitronensaft
4 EL Honig
4 Scheiben Weißbrot
1–2 EL Butter
4 EL gehackte Haselnüsse

● **Zubereitungszeit: ca. 10 Min.**

1 Die Äpfel waschen und trockenreiben. Sie vierteln und die Kerngehäuse entfernen. Einige dünne Apfelspalten für die Garnitur abschneiden und beiseite legen, die restlichen Apfelviertel raspeln und in eine Schüssel geben.

2 Die geraspelten Äpfel mit dem Zitronensaft beträufeln. Den Honig dazugeben und das Ganze vorsichtig miteinander vermischen.

3 Die Weißbrotscheiben mit der Butter bestreichen und halbieren. Nun die Apfel-Honig-Mischung auf den Brotscheiben verteilen. Das Ganze mit den Haselnüssen bestreuen und zum Schluß die Brotscheiben mit den Apfelspalten garnieren.

Tip

Anstelle von Butter können Sie nach Belieben selbstverständlich auch Margarine verwenden.

Apfelrohkost

2 mittelgroße Äpfel
2 EL Zucker
1/4 TL Zimtpulver
300 g Vollmilchjoghurt (3,5 % Fett)
2 EL ungeschwefelte Rosinen
12 gehäufte EL Haferflocken

● **Zubereitungszeit: ca. 5 Min.**

1 Die Äpfel waschen und trockenreiben. Sie dann vierteln und die Kerngehäuse entfernen. Die Apfelviertel in kleine Stücke schneiden und in eine Schüssel geben.

2 Den Zucker mit dem Zimtpulver vermischen und den Zimtzucker mit dem Joghurt verrühren. Die Rosinen verlesen, auf einem Sieb heiß abwaschen und abtropfen lassen.

3 Die Apfelstücke zusammen mit den Haferflocken und den Rosinen auf vier Frühstücksschalen verteilen und das Ganze vorsichtig miteinander vermengen.

4 Zum Schluß den Joghurt darübergeben und die Apfelrohkost servieren.

Tip

Besonders lecker schmeckt die Apfelrohkost, wenn Sie zusätzlich 4 Eßlöffel fein geriebene oder gehackte Haselnüsse untermengen.

Fitneß-Müsli

4 kleine Orangen
200 g Trauben
2 Äpfel
120 g Vollkorn-Knuspermüsli
4 EL Weizenkeime
400 g fettarmer Joghurt (1,5 % Fett)

● **Zubereitungszeit: ca. 10 Min.**

1 Die Orangen schälen, von der weißen Innenhaut befreien, in die Filets zerteilen und diese fein würfeln.

2 Die Trauben und Äpfel waschen. Die Trauben gut abtropfen lassen, die Äpfel trockenreiben. Die Weinbeeren abzupfen, halbieren und entkernen. Die Äpfel vierteln, vom Kerngehäuse befreien und in Spalten schneiden.

3 Das Müsli auf vier Schalen verteilen und jeweils die Orangenwürfel, die Weinbeerenhälften und die Apfelspalten unterheben. Anschließend das Ganze mit den Weizenkeimen bestreuen.

4 Den Joghurt cremig rühren, über das Müsli geben und das Fitneß-Müsli servieren.

Tip

Je nach Belieben können Sie das Fitneß-Müsli mit Zimtzucker süßen oder mit anderen Obstsorten variieren.

Apfel-Carpaccio mit Avocado-Marinade

Für die Marinade:

2 EL Balsamicoessig
1 EL Honig
2 EL Walnußöl
2 EL Apfelsaft
Salz
schwarzer Pfeffer aus der Mühle
1 Avocado

Für das Carpaccio:

4 Äpfel
1 Kästchen Kresse
30 g Walnußkerne

● **Zubereitungszeit: ca. 15 Min.**

1 Für die Marinade Essig, Honig, Öl und Apfelsaft zusammen mit 2 Eßlöffeln Wasser verrühren und das Ganze mit Salz und Pfeffer abschmecken.

2 Die Avocado halbieren und den Stein entfernen. Sie schälen und das Fruchtfleisch in kleine Würfel schneiden. Diese in die Marinade geben.

3 Die Äpfel waschen, vierteln und vom Kerngehäuse befreien. Sie in feine Spalten schneiden und diese auf vier Tellern verteilen.

4 Die Kresse abschneiden, verlesen, abbrausen und trockentupfen. Die Walnußkerne fein hacken.

5 Die Apfelspalten mit der Marinade beträufeln und vor dem Servieren mit der Kresse und den Walnüssen bestreuen.

Knuspriger Apfelsalat

Für den Salat:

150 g Frühstücksschinken
3 Äpfel
2 Bananen
3 kleine Stangen Bleichsellerie
2 Lauchzwiebeln
1/2 Bund Schnittlauch
1/2 Bund glatte Petersilie
1 EL Zitronensaft
1 TL abgeriebene Schale von
1 unbehandelten Zitrone
50 g gehackte Haselnüsse

Für die Marinade:

2 EL Apfelessig
4 EL Pflanzenöl
Salz
schwarzer Pfeffer aus der Mühle

● **Zubereitungszeit: ca. 15 Min.**

1 Den Frühstücksschinken in kleine Würfel schneiden und diese ohne Fettzugabe in einer beschichteten Pfanne knusprig braten. Die Schinkenwürfel aus der Pfanne heben und auf Küchenpapier abtropfen lassen.

2 Die Äpfel waschen und trockenreiben. Sie vierteln, vom Kerngehäuse befreien und in mundgerechte Stücke schneiden. Die Bananen schälen und in Scheiben schneiden.

3 Den Sellerie und die Lauchzwiebeln putzen und waschen. Die Selleriestangen in kleine Stücke, die Lauchzwiebeln in Scheiben schneiden. Den Schnittlauch und die Petersilie abbrausen und gut trockenschütteln. Den Schnittlauch in kleine Röllchen schneiden, die Petersilie fein hacken.

4 Sämtliche Obst- und Gemüsestücke in eine Schüssel geben und zusammen mit dem Zitronensaft und der Zitronenschale vermengen. Schinkenwürfel, Schnittlauchröllchen und Petersilie dazugeben und unterheben.

5 Für die Marinade den Essig mit dem Öl verrühren. Das Ganze mit Salz und Pfeffer abschmecken und über den Salat geben. Den Salat vor dem Servieren mit den Haselnüssen bestreuen.

Selleriesalat mit Äpfeln und Birnen

Für den Salat:

1 kleine Sellerieknolle (ca. 400 g)
1 TL Zitronensaft
3 Äpfel (z.B. Goldparmäne)
2 Birnen
100 g Emmentaler
6 Walnußkerne
1 Scheibe Vollkorntoast
1 EL Butter

Für die Marinade:

1 EL Apfelessig
(ersatzweise Rotweinessig)
3 EL Walnußöl
Salz
schwarzer Pfeffer aus der Mühle
Zucker

- **Zubereitungszeit: ca. 15 Min.**
- **Zeit zum Ziehen: ca. 30 Min.**

1 Den Sellerie putzen, schälen und in etwa 4 cm lange Stifte schneiden. Diese mit Zitronensaft beträufeln und etwa 30 Minuten ziehen lassen.

2 Nach etwa 15 Minuten die Äpfel und die Birnen waschen und trockenreiben. Sie vierteln und die Kerngehäuse entfernen. Zwei Apfelviertel sehr fein raffeln, die restlichen Apfelviertel sowie die Birnen in feine Spalten schneiden.

3 Den Emmentaler in kleine Würfel schneiden. Drei Walnußkerne hacken, die anderen halbieren und für die Garnitur beiseite stellen.

4 Den Vollkorntoast würfeln. Die Butter in einer Pfanne erhitzen, die Toastwürfel darin knusprig braun braten und dann herausnehmen.

5 Für die Marinade den Essig zusammen mit dem Öl und dem geriebenen Apfel verrühren. Das Ganze mit Salz, Pfeffer und Zucker abschmecken.

6 Sämtliche Salatzutaten in die Marinade geben und das Ganze vorsichtig miteinander vermischen. Den Salat vor dem Servieren mit den übriggebliebenen sechs Walnußhälften garnieren.

Apfel-Sauerkraut-Salat

Für den Salat:

350 g Sauerkraut
2 große würzig-aromatische Äpfel
200 g gekochter Schinken

Für die Marinade:

einige Zweige glatte Petersilie
200 g Crème fraîche
2 EL gehackte Haselnüsse
Salz
weißer Pfeffer aus der Mühle
Zucker

- Zubereitungszeit: ca. 15 Min.
- Zeit zum Ziehen: ca. 30 Min.

1 Das Sauerkraut auf einem Sieb abtropfen lassen. Es grob zerschneiden und in eine Schüssel geben.

2 Die Äpfel waschen und trockenreiben. Sie vierteln und vom Kerngehäuse befreien. Das Fruchtfleisch in feine Stifte schneiden und sofort unter das Sauerkraut mischen. Den Schinken in kurze Streifen schneiden und diese unter die Sauerkraut-Apfel-Mischung heben.

3 Für die Marinade die Petersilie abbrausen und gut trockentupfen. Die gröberen Stiele entfernen und die Blätter zusammen mit den feineren Stielen hacken. Die Crème fraîche in eine kleine Schüssel geben und zusammen mit der Petersilie und den Nüssen verrühren. Das Ganze mit Salz, Pfeffer und etwas Zucker nach Belieben individuell pikant abschmecken.

4 Die Marinade unter die Salatzutaten mischen und das Ganze zugedeckt etwa 30 Minuten durchziehen lassen. Danach den Apfel-Sauerkraut-Salat auf Salatteller verteilen und servieren.

Variation

Anstelle von Crème fraîche können Sie auch die gleiche Menge Joghurt verwenden.

Spinatsalat mit Äpfeln und Nüssen

(auf dem Foto Seite 28/29)

Für den Salat:

200 g junger Spinat
2 frische Eier
3 Äpfel
3 EL Erdnußkerne

Für die Marinade:

1 Schalotte
100 g saure Sahne
2 EL Crème fraîche
Salz
schwarzer Pfeffer aus der Mühle
Currypulver

- Zubereitungszeit: ca. 25 Min.

1 Den Spinat verlesen, abbrausen und abtropfen lassen. Die Blätter einzeln zupfen. Die Eier in Wasser geben und in etwa 10 Minuten hart kochen.

2 Inzwischen die Äpfel waschen und trockenreiben. Sie vierteln, entkernen und in feine Stifte schneiden. Die Eier aus dem Wasser nehmen, kalt abschrecken, schälen und in kleine Würfel schneiden.

3 Für die Marinade die Schalotte schälen und fein hacken. Die saure Sahne mit der Crème fraîche und den Schalottenstückchen verrühren. Das Ganze mit Salz, Pfeffer und 1 Prise Currypulver pikant abschmecken.

4 Die Spinatblätter und die Apfelstifte miteinander vermischen und die Marinade vorsichtig unter die Mischung ziehen. Den Salat vor dem Servieren mit Erdnußkernen und den Eiwürfeln bestreuen.

Apfel-Rotkohl-Salat

Für den Salat:

1 großer säuerlicher Apfel (z.B. Glockenapfel)
500 g Rotkohl
80 g Champignons
1 kleine Zwiebel

Für die Marinade:

1 TL Honig
4 EL Apfelessig
5–6 EL Sonnenblumenöl
Salz
schwarzer Pfeffer aus der Mühle

● **Zubereitungszeit: ca. 20 Min.**

1 Den Apfel waschen und trockenreiben. Ihn vierteln, vom Kerngehäuse befreien und in feine Stifte schneiden.

2 Den Rotkohl putzen, waschen, abtropfen lassen und fein hobeln. Die Champignons putzen, waschen, abreiben und in feine Scheiben schneiden. Die Zwiebel schälen und fein würfeln.

3 Für die Marinade den Honig, den Apfelessig und das Sonnenblumenöl miteinander verrühren. Die Zwiebelwürfel untermengen und das Ganze mit Salz und Pfeffer abschmecken.

4 Die Apfelstifte, den Rotkohl und die Champignonscheiben dazugeben. Das Ganze miteinander vermengen und servieren.

Apfelscheiben mit Edelpilzkäse

4 mittelgroße Äpfel
5 EL Butter
2 EL Honig
Korianderpulver
schwarzer Pfeffer aus der Mühle
150 g Edelpilzkäse
50 g Walnußkerne

Außerdem:
einige Blätter Feldsalat oder Rucola zum Garnieren

● **Zubereitungszeit: ca. 15 Min.**

1 Die Äpfel waschen und trockenreiben. Sie von den Kerngehäusen befreien und in dicke Spalten schneiden.

2 Die Butter bei geringer Hitze in einer Pfanne zergehen lassen. Den Honig und 1 Prise Korianderpulver unterrühren und das Ganze erhitzen.

3 Die Apfelscheiben nebeneinander in die heiße Buttermischung legen. Sie darin bei mittlerer Hitze etwa 5 Minuten dünsten und zum Schluß mit etwas Pfeffer würzen.

4 Die gedünsteten Apfelscheiben auf vier Teller verteilen. Den Käse in Scheiben schneiden und dazulegen. Die Walnußkerne halbieren und auf die Apfelscheiben geben.

5 Feldsalat oder Rucola waschen, trockentupfen, dekorativ auf den Tellern anrichten und das Ganze servieren.

Äpfel mit Dips

Für den Avocadodip:

2 Avocados
2 EL Zitronensaft
Salz
schwarzer Pfeffer aus der Mühle
Cayennepfeffer

Für den Krabbendip:

250 g Krabben
1 TL Zitronensaft
150 g Crème fraîche
1 EL gehackter Dill
Salz
schwarzer Pfeffer aus der Mühle
Tabascosauce

Für den Schinkendip:

100 g rohe Schinkenwürfel
250 g Magerquark
2 EL Crème fraîche
1 TL Tomatenmark
2 EL in Streifen geschnittenes Basilikum
schwarzer Pfeffer aus der Mühle

Für die Kräutermarinade:

2 frische Eier
4 EL Apfelessig
2 EL Kapern
2 EL gemischte gehackte Kräuter (z.B. Schnittlauch, Petersilie, Rucola, Sauerampfer)
1 TL scharfer Senf
8 EL kaltgepreßtes Olivenöl

Für den Rucoladip

1 Bund Rucola
250 g saure Sahne
Salz
schwarzer Pfeffer aus der Mühle

Zum Dippen:

1500 g verschiedene Apfelsorten (z.B. Boskoop, Elstar, Glockenapfel und Jonagold)
200 g Emmentaler
200 g Camembert
200 g Edelpilzkäse
150 g gekochter Schinken
150 g roher Schinken
300 g geräucherte Putenbrust

● **Zubereitungszeit: ca. 1 Std.**

1 Für den Avocadodip die Avocados halbieren und jeweils den Stein entfernen. Sie schälen, das Fruchtfleisch zerdrücken und in ein Schüsselchen geben. Das Avocadomus mit Zitronensaft, Salz, Pfeffer und Cayennepfeffer pikant abschmecken (auf dem Foto vorn).

2 Für den Krabbendip die Krabben unter fließendem kaltem Wasser abspülen und abtropfen lassen. Sie entdärmen, kleinschneiden und mit Zitronensaft beträufeln. Die Krabbenstücke in ein Schüsselchen geben, die Crème fraîche und den Dill dazugeben und alles miteinander vermischen. Zuletzt den Dip mit Salz, Pfeffer und Tabascosauce abschmecken (auf dem Foto 2. Reihe rechts).

3 Für den Schinkendip die Schinkenwürfel in einer beschichteten Pfanne ohne Fettzugabe knusprig braten. Sie herausnehmen und in ein Schüsselchen geben. Den Quark, die Crème fraîche und das Tomatenmark dazugeben und alles gut verrühren. Das Basilikum unterermengen und zuletzt den Dip mit Pfeffer abschmecken (auf dem Foto hinten).

4 Für die Kräutermarinade die Eier in etwa 10 Minuten in kochendem Wasser hart kochen. Sie dann mit kaltem Wasser abschrecken und schälen. Die Eier in Würfel schneiden, in ein Schüsselchen geben und mit Apfelessig, Kapern, Kräutern, scharfem Senf und Olivenöl verrühren (auf dem Foto 3. Reihe).

5 Für den Rucoladip den Rucola abbrausen, trockenschütteln und hacken. Ihn in ein Schüsselchen geben und mit der sauren Sahne verrühren. Den Dip zuletzt mit Salz und Pfeffer würzen (auf dem Foto 2. Reihe links).

6 Die Äpfel waschen und trockenreiben. Sie vierteln, vom Kerngehäuse befreien und in Spalten schneiden. Die Käsesorten, die verschiedenen Schinkensorten und die Putenbrust in mundgerechte Würfel und Streifen schneiden. Alle Dip-Zutaten auf Platten oder Tellern anrichten und zusammen mit den Dips servieren.

Scharfe Apfelsuppe

4 Äpfel
2 rote Paprikaschoten
1 kleine Salatgurke
1 Knoblauchzehe
1 EL Butter
750 ml heiße Fleischbrühe
(Fertigprodukt)
Salz
schwarzer Pfeffer aus der Mühle
1 TL Zucker
1/2 TL Paprikapulver
100 g Sahne

● **Zubereitungszeit: ca. 40 Min.**

1 Die Äpfel waschen und trockenreiben. Sie vierteln, entkernen und fein würfeln. Die Schoten und die Gurke waschen, trockenreiben, vierteln, entkernen und würfeln. Die Knoblauchzehe schälen.

2 Die Butter, den Knoblauch durch eine Presse dazudrücken, die Apfel-, Paprika- und Gurkenwürfel hinzufügen und etwa 5 bis 10 Minuten weichdünsten.

3 Das Gemüse mit der heißen Fleischbrühe aufgießen. Das Ganze etwa 5 Minuten gut durchkochen lassen und anschließend mit dem Pürierstab eines Handrührgeräts pürieren. Die Suppe mit Salz, Pfeffer, Zucker und Paprikapulver abschmecken. Die Sahne dazugießen und alles noch einmal aufkochen lassen.

Grüne Bohnensuppe mit Äpfeln

Für die Fleischbrühe:

Salz
1 Bund Suppengrün
500 g Rindfleisch

Für die Einlage:

500 g grüne Bohnen
250 g Kartoffeln
1 Bund glatte Petersilie
100 g durchwachsener Speck
schwarzer Pfeffer aus der Mühle
3 mittelgroße aromatische herbsäuerliche Äpfel
1 EL Weinessig
1 TL Zucker
Zimtpulver
Salz

● **Zubereitungszeit: ca. 2 Std.**

1 Etwa 2 Liter Salzwasser in einem großen Topf zum Kochen bringen. Inzwischen das Suppengrün putzen, waschen und grob zerkleinern. Es zusammen mit dem Fleisch in das kochende Wasser geben und alles etwa 90 Minuten bei mittlerer Hitze köcheln lassen.

2 Inzwischen die Bohnen putzen, waschen und brechen. Die Kartoffeln waschen, schälen und würfeln. Einige Petersilienzweige abbrausen und trockenschütteln.

3 Den Backofen auf etwa 50 °C vorheizen. Das Suppenfleisch in mundgerechte Würfel schneiden und zugedeckt im Ofen warm stellen.

4 Den Speck fein würfeln und in einer beschichteten Pfanne ohne Fettzugabe goldgelb ausbraten. Die Bohnen dazugeben und kurz in der Pfanne schwenken. Kartoffelwürfel und Petersilienzweige hinzufügen und alles mit Fleischbrühe angießen. Das Ganze mit Pfeffer würzen und etwa 30 Minuten bei geringer Hitze zugedeckt köcheln lassen.

5 Inzwischen die Äpfel waschen, trockenreiben, vierteln, entkernen und zusammen mit etwas Wasser, Essig, Zucker und Zimtpulver etwa 15 Minuten dünsten, dann herausnehmen und abtropfen lassen.

6 Die Äpfel zusammen mit den Fleischwürfeln in die Suppe geben. Diese mit Salz und schwarzem Pfeffer aus der Mühle abschmecken. Die restliche Petersilie abbrausen, trockenschütteln, fein hacken und vor dem Servieren unter die Suppe ziehen.

Apfel-Matjes-Salat

4 küchenfertige Matjesfilets
125 ml Mineralwasser
4 frische Eier
3 Gewürzgurken
4 kleine aromatische feinsäuerliche Äpfel
2 EL Zitronensaft
100 g Salatmayonnaise
etwas Gurkensud
Salz
schwarzer Pfeffer aus der Mühle
einige Zweige Dill

- **Zubereitungszeit: ca. 20 Min.**
- **Zeit zum Wässern: ca. 1 Std.**

1 Die Matjesfilets etwa 1 Stunde in Mineralwasser einlegen und wässern.

2 Nach etwa 45 Minuten die Eier in etwa 10 Minuten hart kochen. Sie dann mit kaltem Wasser abschrecken und schälen. Aus einem Ei das Eigelb herauslösen, hacken und für die Garnitur beiseite stellen. Die restlichen Eier in kleine Würfel schneiden.

3 Die Gurken abtropfen lassen und fein würfeln. Die Matjesfilets aus dem Mineralwasser nehmen und in Streifen schneiden.

4 Die Äpfel waschen und trockenreiben. Sie vierteln, vom Kerngehäuse befreien und in Würfel schneiden. Sie sofort mit dem Zitronensaft beträufeln und zusammen mit den Matjesfilets sowie den Gurken- und Eierwürfeln vermischen.

5 Die Mayonnaise mit dem Gurkensud verrühren, mit Salz und Pfeffer abschmecken und das Ganze unter den Apfel-Matjes-Salat ziehen.

6 Die Dillstengel abbrausen und trockenschütteln. Den Salat vor dem Servieren mit Dill und dem gehackten Eigelb garnieren.

Matjesfilets mit Äpfeln

8 Matjesfilets
250 ml Milch
3 mittelgroße
aromatische süßfruchtige Äpfel
3 mittelgroße Zwiebeln
125 g Sahne
5 EL Mayonnaise
150 g Sahnejoghurt
(mindestens 10 % Fett)
weißer Pfeffer aus der Mühle
Zucker
Pimentpulver

- **Zubereitungszeit: ca. 20 Min.**
- **Zeit zum Ziehen: ca. 5 Std.**

1 Die Matjesfilets in eine Schüssel geben und mit der Milch übergießen. Die Filets in der Milch etwa 1 Stunde ziehen lassen, sie dann herausnehmen.

2 Nach etwa 40 Minuten die Äpfel waschen und trockenreiben. Sie halbieren, vom Kerngehäuse befreien und quer in Scheiben schneiden. Die Zwiebeln schälen und in feine Ringe schneiden.

3 Die Sahne schlagen. Die Mayonnaise mit dem Sahnejoghurt verrühren und die Sahne unterziehen. Das Ganze mit Pfeffer, Zucker und 1 Prise Pimentpulver abschmecken.

4 Die Apfelscheiben und die Zwiebelringe locker mit der Sauce vermischen. Das Ganze über die Filets geben, kalt stellen und mindestens 4 Stunden zugedeckt durchziehen lassen.

Tip

Als klassische Beilage können Sie hierzu in Butter geschwenkte Pellkartoffeln servieren.

Hühnerbrust in Apfelweinsauce

Für das Fleisch:

4 entbeinte Hühnerbrüste
Salz
schwarzer Pfeffer aus der Mühle
6 mittelgroße Äpfel
1 EL Butter
1 Lorbeerblatt
einige Wacholderbeeren
250 ml Apfelwein

Für die Sauce:

1 geh. EL Zucker
250 ml Apfelwein
2 EL Crème fraîche
1 EL Butter

● **Zubereitungszeit: ca. 30 Min.**

1 Die Hühnerbrustfilets unter fließendem kaltem Wasser waschen und trockentupfen. Sie dann salzen und pfeffern.

2 Die Äpfel waschen und trockenreiben. Sie vierteln und die Kerngehäuse entfernen.

3 Die Butter in einem breiten Topf erhitzen und die Filets darin von allen Seiten anbraten. Sie herausnehmen und beiseite stellen. Dann die Apfelviertel zusammen mit dem Lorbeerblatt und den Wacholderbeeren in den Topf geben.

4 Das Ganze mit Apfelwein so begießen, daß die Äpfel bedeckt sind. Die Hühnerbrustfilets darauflegen und alles im geschlossenen Topf etwa 15 Minuten bei mittlerer Hitze zugedeckt schmoren lassen.

5 Inzwischen für die Sauce den Zucker in einen Topf geben, erhitzen und schmelzen. 1 bis 2 Eßlöffel Apfelwein dazugeben und alles goldbraun karamelisieren lassen.

6 Den restlichen Apfelwein dazugießen und etwas einkochen lassen. Die Crème fraîche unterrühren und die Butter in Flöckchen einschwenken.

7 Die Filets zusammen mit den Äpfeln auf vier Tellern anrichten, mit der heißen Sauce begießen und servieren.

Tip

Als Beilage eignen sich dazu grüne Bandnudeln.

Putenbrust auf lauwarmem Apfelsalat

500 g Putenbrust
Salz
schwarzer Pfeffer aus der Mühle
Zimtpulver
Cayennepfeffer
2 EL ungeschwefelte Rosinen
1 El Maiskeimöl
2 EL Butter
4 aromatische Äpfel
1 Gewürznelke
1/2 EL Thymianblättchen
2–3 EL Balsamicoessig
Zucker

● **Zubereitungszeit: ca. 1 Std.**

1 Das Fleisch waschen, trockentupfen und mit Salz, Pfeffer, Zimtpulver und Cayennepfeffer einreiben. Die Rosinen verlesen, auf einem Sieb heiß abwaschen und abtropfen lassen.

2 Das Öl in einer Pfanne erhitzen, die Putenbrust darin von allen Seiten anbraten. Die Hitze reduzieren, Butter und Rosinen dazugeben und die Putenbrust bei mittlerer Hitze etwa 30 Minuten braten. Inzwischen die Äpfel waschen und trockenreiben. Sie vierteln, entkernen und in Spalten schneiden.

3 Die fertige Putenbrust in Alufolie wickeln und darin nachziehen lassen. Inzwischen die Äpfel zusammen mit der Nelke und dem Thymian in den Bratenfond geben und etwa 3 bis 5 Minuten unter Wenden bißfest braten, mit Essig, 1 Prise Zucker, Salz und Pfeffer abschmecken. Den Apfelsalat auf vier Tellern anrichten. Die Putenbrust in Scheiben schneiden, auf den lauwarmen Salat geben und servieren.

Schweinefilet mit Calvadossauce

Für das Fleisch:

200 g Schweinefilet
Salz
weißer Pfeffer aus der Mühle
1 kleiner Apfel
2 EL Sojaöl

Für die Sauce:

1–2 EL Calvados
1 TL eingelegter grüner Pfeffer
5 EL Sahne
Salz
weißer Pfeffer aus der Mühle
Zimtpulver

● **Zubereitungszeit: ca. 15 Min.**

1 Das Schweinefilet unter fließendem kaltem Wasser waschen und trockentupfen. Das Fleisch mit Salz und Pfeffer einreiben.

2 Den Apfel waschen und trockenreiben. Ihn vierteln, vom Kerngehäuse befreien und in Spalten schneiden.

3 Den Backofen auf etwa 50 °C vorheizen. Das Öl in einer Pfanne erhitzen und das Schweinefilet darin von allen Seiten etwa 8 Minuten braten. Die Apfelspalten dazugeben und leicht dünsten. Das Fleisch und die Apfelspalten aus der Pfanne nehmen und zugedeckt im Ofen warm stellen.

4 Den Calvados in den Bratensatz geben, aufkochen, grünen Pfeffer und Sahne hinzufügen und die Sauce nochmals aufkochen. Sie mit Salz, Pfeffer und Zimtpulver abschmecken.

5 Das Schweinefilet zusammen mit den Apfelspalten anrichten und dazu die Calvadossauce servieren.

Tip

Reichen Sie zu diesem pikanten Fleischgericht französisches Stangenweißbrot.

Schweinebraten mit Äpfeln

500 g ausgelöster Schweinekotelettgrat
Salz
schwarzer Pfeffer aus der Mühle
4 EL Butterschmalz
2 Zwiebeln
4 kleine, aromatische, feinsäuerliche Äpfel
Zimtpulver
Nelkenpulver
1 EL Butter

Zubereitungszeit: ca. 1 Std. 10 Min.

1 Das Fleisch unter fließendem kaltem Wasser waschen, trockentupfen und mit Salz und Pfeffer einreiben.

2 Das Schmalz in einem Bräter erhitzen, das Fleisch darin von allen Seiten braun anbraten. Etwas heißes Wasser angießen und das Fleisch zugedeckt bei mittlerer Hitze etwa 1 Stunde schmoren. Es dabei immer wieder mit dem Bratenfond übergießen.

3 Nach etwa 45 Minuten die Zwiebeln schälen, in Ringe schneiden und zum Fleisch geben. Die Äpfel waschen, schälen, achteln, entkernen und ebenfalls zum Fleisch geben. Sie mit je 1 Prise Zimt- und Nelkenpulver bestäuben. Anschließend die Butter dazugeben und die Äpfel unter Wenden goldbraun braten.

4 Das Fleisch herausnehmen, in Scheiben schneiden und zusammen mit den Äpfeln und Zwiebeln anrichten.

Leberrollen mit Apfel-Zwiebel-Füllung

4 dünne Scheiben Leber (à ca. 125 g)
1 Apfel
2 Zwiebeln
1 TL Meerrettich aus dem Glas
Zucker
Salz
2 EL Kokosraspeln
Fett oder Öl zum Fritieren
1–2 EL Mehl

● **Zubereitungszeit: ca. 45 Min.**

1 Die Leberscheiben unter fließend kaltem Wasser waschen und gründlich trockentupfen. Sie nebeneinander auf eine Platte legen.

2 Den Apfel waschen und trockenreiben. Ihn vierteln, vom Kerngehäuse befreien und fein raspeln. Die Zwiebeln schälen, fein raspeln.

3 Apfel- und Zwiebelraspeln miteinander vermischen und das Ganze mit Meerrettich, Zucker und Salz abschmecken. Die Kokosraspeln unter die Mischung heben. Das Fett in einem Topf auf etwa 175 °C erhitzen.

4 Inzwischen die Apfel-Zwiebel-Füllung auf die Leberscheiben verteilen und diese so einschlagen, daß die Füllung nicht herausquellen kann. Die Leberrollen mit Küchengarn umwickeln, im Mehl wenden und im heißen Fett partieweise etwa 5 Minuten fritieren.

Tip
Die richtige Temperatur des Fritierfetts können Sie mit einem einfachen Trick nachprüfen. Halten Sie den Stiel eines Holzkochlöffels in das heiße Fett. Wenn sich kleine Bläschen bilden, ist das Fett heiß genug.

Rinderrouladen mit Kräuter-Apfel-Füllung

4 Rinderrouladen (à ca. 150 g)
Salz
schwarzer Pfeffer aus der Mühle
4–5 Äpfel
2 rote Zwiebeln
1 Bd. glatte Petersilie
4 Scheiben gekochter Schinken
250 ml Fleischbrühe
(Fertigprodukt oder Rezept S. 43)
500 g Tomaten
2–3 EL Butterschmalz
1 EL Crème fraîche
Zucker

● **Zubereitungszeit: ca. 1 Std.**

1 Die Rouladen unter fließendem kaltem Wasser waschen, trockentupfen und mit Salz und Pfeffer einreiben. Die Äpfel waschen und trockenreiben. Sie vierteln, entkernen und in dünne Spalten schneiden. Die Zwiebeln schälen und fein hacken. Die Petersilie abbrausen und trockenschütteln. Die Blätter abzupfen und fein hacken.

2 Die Rouladen mit den Schinkenscheiben belegen und jeweils einige Apfelspalten, Zwiebelstückchen und etwas Petersilie darauf verteilen. Die restlichen Apfel- und Zwiebelstücke beiseite stellen. Die Rouladen aufrollen und mit Küchengarn umwickeln. Die Fleischbrühe erhitzen.

3 Die Tomaten waschen, trockenreiben, vierteln, von den Stielansätzen befreien. Das Schmalz in einem breiten Topf erhitzen, die Rouladen darin von allen Seiten anbraten. Tomaten sowie restliche Zwiebel- und Apfelstücke dazugeben und andünsten.

4 Das Ganze mit der Fleischbrühe angießen und die Rouladen etwa 40 Minuten bei geringer Hitze im geschlossenen Topf schmoren, bis sie weich sind. Sie dann herausnehmen.

5 Den Saucenfond pürieren oder durch ein Sieb passieren, die Crème fraîche unterrühren, mit Salz, Pfeffer und 1 Prise Zucker abschmecken und zu den Rouladen servieren.

Apfel-Zwiebel-Quiche

Für den Quark-Öl-Teig:

200 g Mehl, 1/2 TL Salz
1 TL Backpulver, 100 g Quark
4 EL Milch, 4 El Öl

Für den Belag:

150 g durchwachsener Speck
400 g Zwiebeln, 1 EL Butter
3 säuerliche Äpfel (z.B. Boskoop)
200 g saure Sahne
4 El Crème fraîche, 3 frische Eier
80 g geriebener Emmentaler
Salz, schwarzer Pfeffer aus der Mühle
50 g gehackte Walnüsse

- **Zubereitungszeit: ca. 1 Std. 20 Min.**
- **Zeit zum Kaltstellen: ca. 20 Min.**

1 Für den Teig das Mehl mit dem Salz und dem Backpulver vermischen und in eine Schüssel sieben. Quark, Milch und Öl hinzufügen und alles zu einem geschmeidigen Teig verkneten. Diesen zugedeckt etwa 20 Minuten kalt stellen.

2 Inzwischen den Speck in Streifen schneiden. Diese ohne Fettzugabe in einer beschichteten Pfanne anbraten, wieder herausnehmen und auf Küchenpapier abtropfen lassen.

3 Die Zwiebeln schälen und in dünne Ringe schneiden. Die Butter in einem Topf erhitzen. Die Zwiebelringe etwa 4 Minuten darin andünsten, vom Herd nehmen und beiseite stellen. Die Äpfel waschen und trockenreiben. Sie vierteln, vom Kerngehäuse befreien und in dünne Spalten schneiden.

4 Für die Füllung die Apfelspalten zusammen mit den Zwiebelringen in einer Schüssel vermengen und das Ganze mit der sauren Sahne und der Créme fraîche vermischen. Die Eier unterrühren, den Käse unterheben und das Ganze mit Salz und Pfeffer abschmecken.

5 Den Backofen auf 200 °C vorheizen. Eine Spring- oder Quicheform (26 cm Ø) mit Butter ausfetten. Den Teig auf einer bemehlten Arbeitsfläche ausrollen und in die Form legen, dabei einen etwa 2 cm hohen Rand formen. Die Füllung auf den Teig geben, den Speck und die Walnüsse darauf verteilen. Die Quiche auf der untersten Einschubleiste in etwa 40 Minuten backen.

Kartoffel-Apfel-Kuchen

(ohne Abbildung)

50 g Sultaninen
3 EL Rum
1 Portion Flockenpüree mit Milch
2 Äpfel
1 unbehandelte Zitrone
6 frische Eier
150 g Zucker
Salz
100 g gemahlene Mandeln

- **Zubereitungszeit: ca. 1 Std. 15 Min.**
- **Zeit zum Einweichen: ca. 1 Std.**

1 Die Sultaninen in einem Sieb waschen, abtropfen lassen und in den Rum etwa 1 Stunde einweichen.

2 Das Püree nach Packungsanleitung mit kochendem Wasser anrühren und etwa 1 Minute quellen lassen.

3 Die Äpfel waschen und trockenreiben. Sie vierteln, entkernen und in Spalten schneiden. Die Zitrone heiß waschen und trockenreiben. Die Zitronenschale abreiben.

4 Die Eier trennen. Die Eigelbe zusammen mit dem Zucker und dem Salz sehr schaumig rühren. Die Zitronenschale sowie nach und nach die gemahlenen Mandeln hinzufügen. Das Püree mit einer Gabel auflockern und zusammen mit den Sultaninen unter die Masse heben.

5 Den Backofen auf 180 °C vorheizen. Die Eiweiße steif schlagen und unter die Masse ziehen. Eine Springform (24 cm Ø) mit Backpapier auslegen. Teig einfüllen, mit den Apfelspalten belegen. Den Kuchen auf der untersten Einschubleiste in 50 Minuten backen, weitere 10 Minuten im ausgeschalteten Backofen stehen lassen.

Kartoffel-Apfel-Gratin

750 g mehlig kochende Kartoffeln
3 Äpfel (z.B. Boskoop)
200 g Champignons
1 Bd. Lauchzwiebeln
2 El Butter
200 g Sahne
3 frische Eier
Salz
schwarzer Pfeffer aus der Mühle
abgeriebene Muskatnuß
150 g geriebener mittelalter Gouda

Außerdem:
Butter für die Form

- **Zubereitungszeit: ca. 1 Std. 30 Min.**

1 Die Kartoffeln schälen, waschen, in dünne Scheiben schneiden und etwa 10 Minuten in kochendem Wasser garen. Inzwischen die Äpfel waschen, schälen, vierteln, entkernen und in dünne Spalten schneiden. Die Kartoffeln herausnehmen und auf Küchenpapier trockentupfen.

2 Die Champignons putzen, waschen, abreiben und in Scheiben schneiden. Die Lauchzwiebeln putzen, waschen und in Ringe schneiden. Die Butter in einer Pfanne erhitzen und bei geringer Hitze zerlassen. Lauchzwiebeln und Champignons dazugeben, glasig dünsten und beiseite stellen. Den Backofen auf 180 °C vorheizen.

3 Die Sahne mit den Eiern in einer kleinen Schüssel kräftig verquirlen und die Eier-Sahne mit Salz, Pfeffer und Muskatnuß kräftig würzen.

4 Eine Pieform (28 cm ∅) mit Butter ausfetten. Ein Drittel der Kartoffelscheiben einschichten und diese mit der Hälfte der Lauchzwiebeln bedecken. Die Hälfte der Apfelscheiben darübergeben und das Ganze mit wenig Eier-Sahne begießen. Das Ganze wiederholen. Abschließend die restlichen Kartoffeln auflegen, mit Käse bestreuen und die restliche Eier-Sahne darüber verteilen. Das Gratin auf der mittleren Einschubleiste in etwa 40 Minuten überbacken und in der Form servieren.

Apfel-Nudel-Pfanne

(ohne Abbildung)

4 mittelgroße Äpfel
500 ml Kirschsaft
2–3 EL Zucker
100 g Nudeln
100 ungeschwefelte Rosinen
3 EL Rum
8 Eier
80 g Zucker
Salz
1 1/2 P. Bourbon-Vanillezucker
200 g Mehl
400 ml Milch
120 g Butter
100 g Mandelstifte
1 EL Puderzucker
1 TL Zimtpulver

- **Zubereitungszeit: ca. 40 Min.**
- **Zeit zum Durchziehen: ca. 24 Std.**

1 Die Äpfel vierteln und in Spalten schneiden. Den Kirschsaft mit dem Zucker zum Kochen bringen und die Apfelspalten darin 5 bis 10 Minuten köcheln lassen, bis sie weich sind. Den Topf vom Herd nehmen und die Äpfel zugedeckt 1 Tag ziehen lassen.

2 Am nächsten Tag die Nudeln in kochendem Salzwasser bißfest garen. Inzwischen die Rosinen verlesen, auf einem Sieb heiß abwaschen, abtropfen lassen und in Rum einlegen.

3 Die Eier trennen. Die Eiweiße zu steifem Schnee schlagen, dabei nach und nach 1 Teelöffel Zucker und 1 Prise Salz dazugeben. Die Eigelbe zusammen mit dem restlichen Zucker und dem Vanillezucker schaumig schlagen. Das Mehl unter Rühren in die Mischung sieben, die Milch dazugießen und das Ganze gut verrühren. Die Nudeln und die Rumrosinen zum Teig geben, vermischen. Den Eischnee vorsichtig unterheben.

4 Die Hälfte der Butter in einer Pfanne erhitzen. Den Teig hineingießen und bei geringer Hitze von unten goldbraun anbacken. Ihn dann vorsichtig zerteilen. Die restliche Butter stückchenweise dazugeben, die Mandelstifte hinzufügen und die Teigstücke rundum goldbraun braten.

5 Die Apfelspalten abtropfen lassen und anrichten. Die Teigstücke dazugeben, alles mit Puderzucker und Zimtpulver bestreuen.

Süßer Apfelauflauf

Für den Teig:

4 frische Eier
1 EL Butter
100 g Maismehl
Salz
50 g Zucker
100 ml Milch
1 TL Zitronensaft

Für den Belag:

3 große saftig-aromatische Äpfel (z.B. Golden Delicious oder Jonagold)
2 EL Butter
2 EL Zucker

Außerdem:

Butter für die Form
Puderzucker

- **Zubereitungszeit: ca. 1 Std.**
- **Zeit zum Ruhen: ca. 20 Min.**

1 Die Eier sorgfältig trennen. Die Butter in einem Töpfchen bei geringer Hitze zerlassen. Das Mehl in eine Schüssel sieben und zusammen mit 1 Prise Salz, Zucker, Milch und den Eigelben verkneten. Zuletzt die Butter unterrühren. Den Teig etwa 20 Minuten ruhen lassen.

2 Den Ofen auf 200 °C vorheizen. Die Äpfel waschen, trockenreiben, halbieren, entkernen und in dünne Scheiben schneiden. Die Eiweiße zusammen mit 1 Prise Salz und Zitronensaft steif schlagen, unter den Teig heben.

3 Eine flache Auflaufform (ca. 37 cm lang) mit Butter ausfetten. Den Teig darin flach verstreichen, auf der untersten Einschubleiste in etwa 5 Minuten stocken lassen und wieder heraus nehmen.

4 Die Apfelscheiben auf dem Teig verteilen. Die Butter in einem Töpfchen bei geringer Hitze zerlassen und über die Äpfel träufeln. Zuletzt alles mit Zucker bestreuen und den Auflauf auf der obersten Einschubleiste etwa 20 Minuten hellbraun überbacken. Ihn vor dem Servieren mit Puderzucker bestäuben.

Scheiterhaufen

(ohne Abbildung)

4 Semmeln vom Vortag
250 ml Milch
80 g Butter
1 Stück Schale von
1 unbehandelten Zitrone
5 EL ungeschwefelte Rosinen
3 kleine säuerliche Äpfel
3 frische Eier
6 EL Zucker
80 g Mandelstifte

Außerdem:

Butter für die Form

- **Zubereitungszeit: ca. 1 Std.**

1 Die Semmeln in dünne Scheiben schneiden. Den Backofen auf etwa 200 °C vorheizen. Die Milch zusammen mit 4 Eßlöffel Butter und der Zitronenschale aufkochen lassen und dann vom Herd nehmen. Eine flache Auflaufform (ca. 37 cm lang) mit Butter ausfetten. Die Rosinen verlesen, auf einem Sieb heiß abwaschen und abtropfen lassen.

2 Die Äpfel waschen, schälen, entkernen und in Spalten schneiden. Die Semmelscheiben schuppenförmig in die Form legen und die Apfelspalten dazwischenstecken. Die Rosinen darüber- und dazwischenstreuen. Die Zitronenschale aus der Milch entfernen, diese zusammen mit den Eiern und dem Zucker gut verschlagen. Die Mischung über die Brotscheiben geben.

3 Den Scheiterhaufen mit Mandeln bestreuen, mit der restlichen Butter in Flöckchen belegen und auf der mittleren Einschubleiste in etwa 40 Minuten backen.

Tip

Wenn Sie Zeit sparen möchten, können Sie anstelle der Semmeln etwa 200 g Knödelbrot verwenden. Dann die Zutaten schichtweise einfüllen.

Apfelgratin

800 g säuerlich-saftige Äpfel
200 g Sahne
3 frische Eigelb
1/2 TL Zimtpulver
3 EL Puderzucker

Außerdem:

Butter für die Form

- **Zubereitungszeit: ca. 45 Min.**

1 Die Äpfel waschen und trockenreiben. Sie halbieren, vom Kerngehäuse befreien und quer in dünne Scheiben schneiden.

2 Den Backofen auf 200 °C vorheizen. Eine flache Auflaufform (ca. 37 cm lang) mit Butter ausfetten und die Apfelscheiben schuppenförmig hineinschichten.

3 Die Sahne in ein Schüsselchen gießen. Die Eigelbe, das Zimtpulver und den Puderzucker dazugeben und alles miteinander verrühren. Die Sahnemischung über die Äpfel gießen und das Apfelgratin auf der mittleren Einschubleiste in etwa 25 bis 30 Minuten backen.

Bratäpfel mit Cremehaube

(ohne Abbildung)

4 große süße Äpfel
150 g Zucker
1 EL ungeschwefelte Sultaninen
150 g Haselnußkerne
1 TL Zimtpulver
1 TL Pimentpulver
2 TL Bourbon-Vanillezucker
2 frische Eiweiß

Außerdem:

Butter für die Form

- **Zubereitungszeit: ca. 2 Std.**

1 Die Äpfel waschen, schälen und die Kerngehäuse ausstechen. Sie zusammen mit dem Zucker und 125 ml Wasser in einem Topf etwa 20 Minuten kochen lassen.

2 Inzwischen die Sultaninen verlesen, auf einem Sieb heiß abwaschen und abtropfen lassen. Die Haselnußkerne hacken. Eine Auflaufform mit Butter einfetten.

3 Die Äpfel mit einem Schaumlöffel aus dem Sirup nehmen, abtropfen lassen und in die Form setzen. Den Sirup beiseite stellen. Den Backofen auf 180 °C vorheizen.

4 Die Haselnüsse in eine Schüssel geben. Sultaninen, Zimtpulver, Pimentpulver und Vanillezucker dazugeben und alles miteinander vermengen. Die Nuß-Sultaninen-Mischung mit Hilfe eines Teelöffels in die Öffnung der Äpfel geben und mit dem Stiel eines Kochlöffels festdrücken.

5 Die Eiweiße zu steifem Schnee schlagen. Dabei unter Rühren den Sirup hinzufügen, so daß eine Creme entsteht. Die Creme in einen Spritzbeutel füllen und auf den Äpfeln in Form von einem Turban verteilen oder sie mit einem Löffel aufsetzen.

6 Die mit der Cremehaube versehenen Äpfel auf der mittleren Einschubleiste in 20 bis 25 Minuten leicht braun werden lassen.

Tip

Dieser leckere Nachtisch ist eine türkische Spezialität und eignet sich demzufolge gut als krönender Abschluß eines türkischen Menüs. In ihrer Heimat heißen diese Bratäpfel Türbanl Elma, also Äpfel mit Turban.

Knusperflocken-Bratäpfel

3 EL ungeschwefelte Rosinen
5 EL Rum
3 EL Butter
5 EL Haferflocken
5 EL brauner Zucker
5 EL Sahne
4 große säuerliche Äpfel (z.B. Boskoop)

Außerdem:
Butter für die Form

- **Zubereitungszeit: ca. 25 Min.**
- **Zeit zum Quellen: ca. 1 Std.**

1 Die Rosinen verlesen, auf einem Sieb heiß abwaschen. Sie abtropfen und etwa 1 Stunde zugedeckt im Rum quellen lassen.

2 Den Backofen auf 220 °C vorheizen. Die Butter in eine beschichtete Pfanne geben und bei geringer Hitze zerlassen. 4 Eßlöffel Haferflocken zusammen mit dem Zucker dazugeben und unter ständigem Rühren leicht bräunen. Die Pfanne vom Herd nehmen, die Sahne und die Rum-Rosinen unterrühren.

3 Die Äpfel waschen, trockenreiben und die Kerngehäuse ausstechen. Eine Auflaufform mit Butter ausfetten, mit den restlichen Haferflocken bestreuen und die Äpfel hineinsetzen. Die Haferflockenmischung mit Hilfe eines Teelöffels in die Öffnung der Äpfel geben und mit dem Stiel eines Kochlöffels festdrücken. Die Bratäpfel auf der mittleren Einschubleiste in etwa 30 Minuten backen.

Bratäpfel mit Vanillesauce

Für die Äpfel:

4 große Äpfel (z.B. Boskoop)
50 g ungeschwefelte Rosinen
50 g Mandelsplitter
4 TL Aprikosenkonfitüre oder Honig
Zimtpulver
2 EL Butter

Für die Vanillesauce:

1–2 EL Speisestärke
1 frisches Eigelb
500 ml Milch
2 EL Zucker
1–2 TL Bourbon-Vanillezucker

Außerdem:

Butter für die Form

● **Zubereitungszeit: ca. 40 Min.**

1 Die Äpfel waschen und trockenreiben. Die Kerngehäuse ausstechen. Die Rosinen verlesen, auf einem Sieb heiß abwaschen und abtropfen lassen. Den Backofen auf 200 °C vorheizen.

2 Mandeln, Rosinen und Konfitüre oder Honig zusammen mit 1 Prise Zimtpulver vermischen. Die Äpfel mit der Mischung füllen. Die Auflaufform mit Butter ausfetten und die Äpfel hineinsetzen. Auf jeden Apfel ein Butterflöckchen geben. Die Äpfel auf der mittleren Einschubleiste in etwa 25 Minuten backen.

3 Inzwischen die Speisestärke und das Eigelb in 2 Eßlöffel kalter Milch anrühren. Die restliche Milch erhitzen und zusammen mit Zucker und Vanillezucker zum Kochen bringen. Die angerührte Speisestärke unter ständigem Rühren hineingießen und das Ganze kurz aufkochen lassen.

4 Die Bratäpfel aus dem Ofen nehmen und heiß zusammen mit heißer oder kalter Vanillesauce servieren.

Bratäpfel mit Getreidefüllung

4 säuerliche Äpfel
40 g Enzym-Ferment-Getreide
60 g gemahlene Haselnüsse
4 EL Brottrunk
8 TL Quittenmus
Zimtpulver

● **Zubereitungszeit: ca. 25 Min.**

1 Den Backofen auf 190 °C vorheizen. Die Äpfel waschen und trockenreiben. Die Kerngehäuse ausstechen.

2 Für die Füllung das Getreide mit den Haselnüssen und dem Brottrunk vermengen. Sie mit dem Quittenmus süßen, mit Zimtpulver abschmecken und die Äpfel damit füllen.

3 Ein Backblech mit Backpapier abdecken, die Äpfel daraufsetzen und auf der mittleren Einschubleiste in etwa 15 Minuten backen.

Variation

Anstelle von Quittenmus können Sie zum Süßen 4 Teelöffel Rübenkraut verwenden.

Tip

Enzym-Ferment-Getreide erhalten Sie in Reformhäusern und in gut sortierten Drogeriemärkten.

Walnuß-Bratäpfel

4 große Äpfel
3 EL ungeschwefelte Rosinen
2 EL gehackte Walnusse
1–2 EL Zucker
1/2 TL Zimtpulver
1 TL Butter
250 ml trockener Weißwein

Außerdem:

Butter für die Form

● **Zubereitungszeit: ca. 1 Std.**

1 Die Äpfel waschen, trockenreiben und die Kerngehäuse ausstechen. Die Rosinen verlesen, auf einem Sieb heiß abwaschen und abtropfen lassen. Den Backofen auf 180 °C vorheizen.

2 Die Walnüsse mit Rosinen, Zucker, Zimtpulver und Butter vermischen. Die Mischung mit Hilfe eines Teelöffels in die Öffnung der Äpfel geben und mit dem Stiel eines Kochlöffels festdrücken.

3 Eine Auflaufform mit Butter ausfetten und die Äpfel in die Form setzen. Sie mit dem Weißwein übergießen und auf der mittleren Einschubleiste in 30 bis 40 Minuten garen.

Tips

Anstelle von Zucker können Sie auch 1 Eßlöffel Streusüße aus Fruchtzucker verwenden.

Servieren Sie die Bratäpfel nach Belieben mit kalter oder warmer Vanillesauce (Rezept siehe Seite 61)

Knusperbratäpfel mit Vanilleeis

2 große süßfruchtige Äpfel
(z.B. Cox Orange)
80 g Müsli
3 EL Butter
1 TL Zitronensaft
100 g Sahne
300 g Vanilleeis

Außerdem:
Butter für die Form

● **Zubereitungszeit: ca. 50 Min.**

1 Die Äpfel waschen und trockenreiben. Sie quer halbieren und vom Kerngehäuse befreien. Den Backofen auf 200 °C vorheizen.

2 Das Müsli in eine Schüssel geben. Die Butter und den Zitronensaft hinzufügen und alles miteinander verkneten. Die Müsli-Mischung mit Hilfe eines Teelöffels in die Apfelhälften füllen.

3 Eine feuerfeste Form mit Butter ausfetten, die Äpfel hineingeben und auf der mittleren Einschubleiste in etwa 35 Minuten backen.

4 Kurz vor Ende der Backzeit die Sahne steif schlagen. Die Äpfel aus dem Backofen nehmen und auf vier Tellern anrichten. Die Sahne dazugeben. Das Vanilleeis mit einem Eislöffel zu Kugeln ausstechen und dazu anrichten. Die noch heißen Äpfel servieren.

Apfelküchle mit Vanilleeis

4 Äpfel
2 frische Eier
250 g Mehl
250 ml Milch
Salz
4 EL Zucker
1/2 TL Zimtpulver
300 g Vanilleeis

Außerdem:

Pflanzenöl zum Ausbacken

- **Zubereitungszeit: ca. 35 Min.**

1 Die Äpfel waschen und trockenreiben, vierteln, entkernen und in dünne Spalten schneiden. Die Eier trennen.

2 Das Mehl zusammen mit Milch, Eigelben, 1 Prise Salz und 2 Eßlöffeln Zucker zu einem glatten Teig verrühren. Die Eiweiße schlagen und unter den Teig heben.

3 Den restlichen Zucker und das Zimtpulver miteinander vermischen. Eine beschichtete Pfanne mit Öl ausfetten und erhitzen. Die Apfelscheiben in den Teig tauchen und von beiden Seiten goldbraun braten. Die Apfelküchle mit dem Zimtzucker bestäuben und sofort zusammen mit dem Vanilleeis servieren.

Tip

Sie können den Zucker für den Teig auch durch die entsprechende Menge flüssigen Süßstoff ersetzen. Für den Zimtzucker eignet sich Streusüße aus Fruchtzucker.

Apfelkrapfen

500 g Mehl
100 g Zucker
125 ml Milch
1 Würfel Hefe (42 g)
75 g Butter
2 frische Eier
50 g ungeschwefelte Sultaninen
50 g ungeschwefelte Korinthen
300 g säuerliche Äpfel
75 g Orangeat

Außerdem:

Fett zum Ausbacken
200 g Zucker
1 TL Zimtpulver

- **Zubereitungszeit: ca. 30 Min.**
- **Zeit zum Gehen: ca. 1 Std.**

1 Das Mehl in eine Schüssel sieben und mit dem Zucker vermengen. Die Hälfte der Milch lauwarm erwärmen. Eine Mulde in die Mehlmischung drücken, die Hefe hineinkrümeln und diese mit der lauwarmen Milch verrühren. Das Ganze mit etwas Mehl bestäuben, mit einem Tuch abdecken und etwa 15 Minuten lang an einem warmen Ort gehen lassen.

2 Die restliche Milch lauwarm erwärmen und die Butter darin schmelzen. Die Eier verquirlen und dazugeben. Alles zum Vorteig geben und das Ganze zu einem geschmeidigen Teig verkneten. Diesen abdecken und etwa 30 Minuten an einem warmen Ort gehen lassen.

3 Die Sultaninen und Korinthen verlesen, auf einem Sieb heiß abwaschen und abtropfen lassen. Die Äpfel waschen und trockenreiben. Sie vierteln, vom Kerngehäuse befreien und fein würfeln. Die Apfelwürfel zusammen mit Sultaninen, Korinthen und Orangeat unter den Teig kneten. Diesen nochmals etwa 15 Minuten zugedeckt an einem warmen Ort gehen lassen.

4 Danach das Fett auf 175 °C erhitzen. Den Zucker und das Zimtpulver vermischen. Mit Hilfe von zwei Eßlöffeln kleine Krapfen abstechen und diese partieweise im heißen Fett etwa 4 Minuten ausbacken. Sie herausnehmen, abtropfen lassen und im Zimtzucker wälzen.

Apfelknödel mit Zuckerbröseln

(ohne Abbildung)

4 Äpfel (z.B. Golden Delicious)
1 frisches Ei
1 1/2 TL Zimtpulver
Salz
evtl. 1–2 EL Mehl
1 EL Butter
1 EL Zucker
2 EL Semmelbrösel

- **Zubereitungszeit: ca. 45 Min.**

1 Die Äpfel waschen, schälen und vierteln. Sie vom Kerngehäuse befreien und in feine Würfel schneiden.

2 Das Ei mit 2 Eßlöffel Wasser verquirlen und mit 1 Teelöffel Zimtpulver und 1 Prise Salz verrühren. Das Ganze über die Apfelwürfel gießen und alles zu einem Teig gut vermischen. Falls die Teigmasse zu locker sein sollte, etwas Mehl hinzufügen. Mit feuchten Händen aus dem Teig Knödel formen.

3 In einem großen Topf reichlich Salzwasser erhitzen. Die Apfelknödel hineingeben und 10 bis 15 Minuten ziehen lassen.

4 Inzwischen die Butter in einer beschichteten Pfanne erhitzen und bei geringer Hitze zerlassen. Den Zucker zusammen mit den Semmelbröseln einrühren und darin leicht anrösten. Die Zuckerbrösel vom Herd nehmen und das restliche Zimtpulver untermischen.

5 Die Knödel mit einem Schaumlöffel aus dem Wasser nehmen, gut abtropfen lassen und abschließend in den Zuckerbröseln wälzen. Sie heiß servieren.

Apfelklößchen im Weißweinsud

2 kg Äpfel
4 frische Eier
100 g Butter, 125 g Zucker
1 P. Bourbon-Vanillezucker
100 g Semmelbrösel
50 g geriebene Mandeln
1 l Weißwein
1 Zimtstange, 2 Gewürznelken
1 Vanillestange

Außerdem:

Zimt und Puderzucker

- **Zubereitungszeit: ca. 1 Std.**

1 Den Backofen auf 220 °C vorheizen. Die Äpfel waschen, schälen, entkernen. Ein Backblech mit Backpapier belegen, die Äpfel daraufgeben und auf der mittleren Einschubleiste in etwa 15 Minuten backen. Sie etwas abkühlen lassen und durch ein Sieb passieren.

2 Die Eier trennen. Die Butter zusammen mit Zucker, Vanillezucker und Eigelben schaumig rühren. Zuerst Semmelbrösel und Mandeln unterrühren, dann die passierten Äpfel. Die Eiweiße sehr steif schlagen und unter den Teig ziehen.

3 Den Wein zusammen mit der Zimtstange, den Nelken und der Vanillestange in einem großen Topf aufkochen. Aus der Apfelmasse Klößchen formen. Diese in den Sud geben und etwa 10 Minuten sieden lassen. Sie dann mit einem Schaumlöffel aus dem Sud heben und mit Zimtpulver und Puderzucker bestreuen.

Apfelbeignets

3 EL Butter
60 g Instant-Haferflocken
60 g Mehl
1/4 TL Salz
1 TL Zucker
185 ml Mineralwasser
4 EL Bier
1 EL Weinbrand
4 Äpfel
1–2 EL Calvados
1 frisches Eiweiß

Außerdem:

Pflanzenfett zum Fritieren
2 EL Puderzucker zum Bestäuben

- **Zubereitungszeit: ca. 20 Min.**
- **Zeit zum Ruhen: ca. 40 Min.**

1 Die Butter in einem Topf erhitzen und zerlassen. Die Haferflocken zusammen mit Mehl, Salz und Zucker in eine Schüssel geben. Die geschmolzene Butter, Mineralwasser, Bier und Weinbrand dazugeben und das Ganze so lange verrühren, bis ein glatter Teig entstanden ist. Diesen zugedeckt etwa 40 Minuten ruhen lassen.

2 Die Äpfel waschen und schälen, die Kerngehäuse ausstechen und das Fruchtfleisch in etwa 1 cm dicke Ringe schneiden. Diese mit dem Calvados beträufeln und etwa 10 Minuten ziehen lassen.

3 Inzwischen das Fett in der Friteuse auf 175 °C erhitzen. Das Eiweiß steif schlagen und unter den Teig ziehen.

4 Die Apfelringe in den Teig eintauchen, in das heiße Fett und goldbraun fritieren. Sie auf Küchenkrepp abtropfen lassen und mit Puderzucker bestäuben.

Tip

Reichen Sie zu den Apfelbeignets am besten selbstgemachte Vanillesauce (Rezept siehe Seite 61).

Apfelschneegestöber

7 Äpfel (ca. 850 g, z.B. Cox Orange)
5 EL Zucker
2 EL Williams-Christ-Birnenschnaps
abgeriebene Schale von
1 unbehandelten Zitrone
6 EL Apfelsaft
4 frische Eiweiß
1 P. Bourbon-Vanillezucker

Außerdem:

Butter für die Form(en)
1 TL Zimtpulver

- **Zubereitungszeit: ca. 40 Minuten**

1 Die Äpfel schälen, vierteln, vom Kerngehäuse befreien und sehr grob raffeln. Zucker, Williams-Christ-Birnenschnaps, Zitronenschale und Apfelsaft dazugeben und das Ganze gut vermischen.

2 Den Backofen auf 120 °C vorheizen. Das Eiweiß zusammen mit dem Vanillezucker zu sehr steifem Schnee schlagen.

3 Eine runde Auflaufform (22 cm ∅) oder vier Portionsförmchen sehr gut mit Butter ausfetten. Die Apfelmasse und den Eischnee vorsichtig miteinander mischen und in die Form oder die Förmchen füllen.

4 Das Ganze auf der mittleren Einschubleiste etwa 25 Minuten backen, danach mit etwas Zimtpulver bestäuben und lauwarm servieren.

Rosinen-Rum-Äpfel im Schlafrock

Zutaten für 6 Stück:

2 EL ungeschwefelte Rosinen
2 EL Rum
6 kleine säuerliche Äpfel
Saft von 1 unbehandelten Zitrone
100 g Marzipanrohmasse
1 frisches Eiweiß
400 g Fertigfrischteig für Schwarz-Weiß-Gebäck

Außerdem:

Mehl für die Arbeitsfläche
1 EL Puderzucker

- **Zubereitungszeit: ca. 20 Min.**
- **Zeit zum Ziehen: mindestens 4 Std.**

1 Die Rosinen verlesen, auf einem Sieb heiß abwaschen, abtropfen lassen, in Rum einlegen und mindestens 4 Stunden ziehen lassen. Sie danach abtropfen lassen.

2 Die Äpfel waschen, trockenreiben und die Kerngehäuse ausstechen. Sie mit Zitronensaft beträufeln. Den Backofen auf 200 °C vorheizen.

3 Die Rosinen mit der Marzipanrohmasse verkneten. Die Füllung mit Hilfe eines Teelöffels in die Öffnung der Äpfel geben und mit dem Stiel eines Kochlöffels festdrücken.

4 Das Eiweiß mit 1 Eßlöffel Wasser verquirlen und die Teigstangen an je einer Seite damit bestreichen. Die Stangen auf einer bemehlten Arbeitsfläche zu einem Rechteck nebeneinanderlegen, leicht zusammendrücken und etwa 2 mm dick ausrollen.

5 Die Teigfläche in 6 Quadrate teilen, diese an den Rändern mit dem restlichen Eiweiß bestreichen. Auf jedes Teigstück einen Apfel setzen, mit Teig umwickeln und die Ränder fest andrücken.

6 Ein Backblech mit Backpapier belegen, die Äpfel daraufsetzen und auf der mittleren Einschubleiste in etwa 25 Minuten backen. Sie mit Puderzucker bestäuben und sofort heiß servieren.

Mandel-Orangen-Äpfel im Schlafrock

240 g Hefe-Obstkuchen-Fertigteig
125 ml lauwarme Milch
4 Äpfel
60 g Marzipanrohmasse
4 EL Orangensaft
3 EL gehackte Mandeln
1 TL Zimtpulver
1 frisches Eigelb

Außerdem:

Mehl für die Arbeitsfläche

● **Zubereitungszeit: ca. 50 Min.**

1 Die Teigmischung nach Packungsanleitung mit der Milch zu einem Teig verkneten. Diesen etwa 10 Minuten gehen lassen. Inzwischen die Äpfel waschen, trockenreiben und die Kerngehäuse ausstechen. Den Backofen auf 200 °C vorheizen.

2 Den Teig auf einer bemehlten Arbeitsfläche ausrollen. Vier Quadrate ausschneiden und zusätzlich vier runde Teigplätzchen ausstechen.

3 Die Marzipanrohmasse mit Orangensaft verrühren, mit Mandeln vermengen und mit Zimtpulver abschmecken. Die Äpfel damit füllen.

4 Das Eigelb mit 1 Eßlöffel Wasser verquirlen. Auf jedes Teigquadrat einen Apfel setzen und die Teigecken darüber zusammenschlagen. Darauf jeweils ein Teigplätzchen legen und alles mit Eigelb bestreichen. Ein Backblech mit Backpapier belegen und die Äpfel daraufsetzen. Sie auf der mittleren Einschubleiste in etwa 25 Minuten backen und sofort heiß servieren.

Apfeltörtchen

Für den Teig:

125 ml Milch
240 g Fertigmischung
für Hefe-Obstkuchen-Teig

Für den Belag:

2 Äpfel
1–2 EL Cidre oder Apfelsaft
1 frisches Ei
1 EL Zucker
2 EL Crème fraîche
1 TL Speisestärke
2 EL gehackte Pistazien

Außerdem:

Mehl für die Arbeitsfläche
1 frisches Eigelb

- **Zubereitungszeit:**
  ca. 1 Std. 15 Min.

1 Für die Schablone auf einem Blatt Papier einen Apfel mit Stiel und Blatt aufzeichnen (ca. 12 × 10 cm) und ausschneiden. Ein Backblech mit Backpapier auslegen.

2 Die Milch lauwarm erwärmen und die Teigmischung nach Packungsanleitung damit zu einem Teig verkneten. Ihn auf einer bemehlten Arbeitsfläche dünn ausrollen, die Apfelschablone darauf legen und fünf bis sechs Teigformen ausschneiden. Diese auf das Backblech legen.

3 Aus den Teigresten etwa 1 cm hohe Ränder formen, diese um die Teigformen legen und festdrücken. Das Ganze etwa 10 Minuten gehen lassen.

4 Inzwischen die Äpfel waschen und trockenreiben. Sie vierteln, vom Kerngehäuse befreien und in Spalten schneiden.

5 Den Backofen auf 180 °C vorheizen. Die Apfelspalten auf den Teigformen verteilen. Cidre oder Apfelsaft mit Ei, Zucker, Crème fraîche und Speisestärke gut verrühren und die Mischung gleichmäßig über die Äpfel verteilen. Anschließend die gehackten Pistazien darüberstreuen.

6 Das Eigelb verquirlen und die Teigränder damit bestreichen. Die Apfeltörtchen auf der mittleren Einschubleiste in etwa 30 Minuten backen.

Apfelwaffeln

(ohne Abbildung)

1 mittelgroßer Apfel
200 g Butter
100 g Zucker
4 frische Eier
1 TL Zimtpulver oder
abgeriebene Schale
von 1 unbehandelten Zitrone
250 g Mehl
1 P. Backpulver
100 g geriebene Mandeln
125 ml Milch

Außerdem:
2 EL Zucker
1 TL Zimtpulver

- **Zubereitungszeit: ca. 1 Std.**

1 Den Apfel waschen und trockenreiben. Ihn vierteln, vom Kerngehäuse befreien und raspeln.

2 Die Butter in einer Schüssel sehr schaumig rühren. Abwechselnd Zucker und Eier nach und nach unterrühren. Das Zimtpulver oder die Zitronenschale hinzufügen und alles zu einer glatten Creme verarbeiten.

3 Das Mehl mit dem Backpulver und den Mandeln vermischen und die Mischung abwechselnd mit der Milch unter den Teig rühren. Das Waffeleisen aufheizen.

4 Die Apfelraspel unterheben und aus dem dickflüssigen, jedoch nicht zu festen Teig in jeweils 3 bis 6 Minuten goldgelbe Waffeln backen. Zucker und Zimtpulver vermengen und die Waffeln vor dem Servieren damit bestreuen.

Tip

Wenn Sie nicht am Tisch backen, sollten die Waffeln innerhalb von 1 bis 2 Stunden serviert werden.

Apfelschnee

(ohne Abbildung)

4 EL ungeschwefelte Rosinen
4 kleine Äpfel
4 EL Zitronensaft
4 EL Aprikosenkonfitüre
4 frische Eiweiß
2 EL gehackte Walnüsse

- **Zubereitungszeit: ca. 25 Min.**
- **Zeit zum Kaltstellen: ca. 50 Min.**

1 Die Rosinen verlesen, auf einem Sieb heiß abwaschen und abtropfen lassen. Die Äpfel schälen, vierteln, vom Kerngehäuse befreien und in Würfel schneiden.

2 Die Apfelwürfel mit dem Zitronensaft, der Aprikosenkonfitüre und den Rosinen in einem kleinen Topf zugedeckt bei mittlerer Hitze etwa 5 bis 10 Minuten weichkochen. Evtl. etwas Wasser dazugießen, um ein Anbrennen zu verhindern.

3 Die Mischung vom Herd nehmen und mit einer Gabel zerdrücken. Die Masse mit einem Schneebesen glatt verrühren und das Ganze anschließend zugedeckt etwa 50 Minuten kalt stellen.

4 Danach die Eiweiße zu steifem Schnee schlagen. Den Eischnee vorsichtig löffelweise unter die kalte Apfel-Rosinen-Masse ziehen. Den Apfelschnee vor dem Servieren mit den Walnüssen bestreuen.

Süße Apfelpastete mit Johannisbeeren

5 säuerliche Äpfel
5 EL ungeschwefelte Rosinen
50 g Butter, 100 g Zucker
abgeriebene Schale
von 1 unbehandelten Zitrone
2 EL Zitronensaft
100 g gehackte Mandeln
3 EL Rum
6 EL Apfelsaft
250 g Biskuitboden oder
Sandkuchenstücke (Fertigprodukt)
5 EL Johannisbeergelee
200 g Sahne
1 P. Bourbon-Vanillezucker

Außerdem:

Butter für die Form
1/2 Apfel
2 EL Johannisbeeren
4 EL gehackte Pistazienkerne

● **Zubereitungszeit:**
ca. 1 Std. 10 Min.

1 Die Äpfel schälen, vierteln, vom Kerngehäuse befreien und in kleine Stücke schneiden. Die Rosinen verlesen, auf einem Sieb heiß abwaschen und abtropfen lassen. Den Backofen auf 180 °C vorheizen.

2 Die Butter erhitzen und zerlassen. Sie zu den Apfelstücken geben und das Ganze mit Zucker, Zitronenschale, Zitronensaft, Mandeln, Rosinen, Rum und Apfelsaft vermischen.

3 Eine Auflaufform (ca. 37 cm lang) mit Butter ausfetten. Den Biskuitboden oder den Sandkuchen in kleine Stücke schneiden und den Boden der Form mit gut der Hälfte der Kuchenstückchen auslegen.

4 Die Apfelmischung darauf verteilen und die restlichen Kuchenstückchen als obere Schicht darauf verteilen. Die Apfelpastete auf der mittleren Einschubleiste etwa 45 Minuten backen. Sie danach auskühlen lassen.

5 Das Johannisbeergelee mit 2 Eßlöffeln Wasser gut verrühren und damit den Auflauf bestreichen. Die Sahne zusammen mit dem Vanillezucker steifschlagen und damit die Pastete überziehen. Den Apfel waschen, trockenreiben und in Spalten schneiden. Die Johannisbeeren waschen und trockentupfen. Die Pastete vor dem Servieren mit Pistazien, Johannisbeeren und Apfelspalten garnieren.

Apfel-Trauben-Clafoutis

500 g kernlose Weintrauben
2 rotschalige Äpfel
4 frische Eier
4 EL Zucker
1 EL abgeriebene Schale von 1 unbehandelten Orange
50 g Mehl
100 g Sahne
1 EL Calvados
100 g gehackte Haselnüsse

Außerdem:

Butter für die Form
Puderzucker zum Bestäuben

- **Zubereitungszeit: ca. 25 Min.**
- **Zeit zum Ruhen: ca. 30 Min.**

1 Die Trauben waschen und trockentupfen. Die Äpfel waschen, trockenreiben, vierteln, entkernen und in nicht zu dünne Spalten schneiden.

2 Die Eier zusammen mit Zucker und Orangenschale cremig verrühren. Zuerst das Mehl dazusieben und verrühren, dann die Sahne und den Calvados unterrühren, so daß ein zähflüssiger Teig entsteht.

3 Eine Pieform (20 cm ∅) mit Butter ausfetten und den Teig einfüllen. Das Obst und die Nüsse darauf verteilen. Das Ganze etwa 30 Minuten ruhen lassen. Nach etwa 15 Minuten den Backofen auf 190 °C vorheizen. Den Clafoutis auf der mittleren Einschubleiste in 35 bis 45 Minuten backen. Ihn dann leicht abkühlen lassen, mit Puderzucker bestreuen und warm oder kalt servieren.

Tip

Servieren Sie zu dem Apfel-Trauben-Clafoutis am besten halbfest geschlagene Sahne.

Apfel-Hirse-Pfannkuchen

125 g Hirse
Salz
3 Äpfel
1–2 EL Zitronensaft
4 frische Eier
3 EL Mehl
4–5 El Rohrzucker
200 g Pflanzenfett

- **Zubereitungszeit:** ca. 45 Min.
- **Zeit zum Einweichen:** ca. 2 Std.

1 Die Hirse in 600 ml Wasser etwa 2 Stunden einweichen lassen. Sie danach zusammen mit 1 Prise Salz etwa 30 Minuten bei geringer Hitze ausquellen lassen.

2 Inzwischen die Äpfel waschen und trockenreiben. Die Kerngehäuse ausstechen und die Äpfel schälen. Sie in Ringe schneiden und sofort mit Zitronensaft beträufeln, damit sie sich nicht braun verfärben. Die Apfelringe beiseite stellen.

3 Nach dem Ausquellen die Hirse vom Herd nehmen und abkühlen lassen. Eier, Mehl und 1 Eßlöffel Rohrzucker dazugeben und das Ganze zu einem Teig verrühren. Den Backofen auf 50 °C vorheizen.

4 Etwa ein Drittel des Pflanzenfetts in einer Pfanne erhitzen und drei kleine Portionen Teig hineingeben. Diese mit je einem Apfelring belegen. Die Apfel-Hirse-Pfannkuchen bei geringer Hitze anbraten und auf jeder Seite goldbraun backen. Sie dann aus der Pfanne herausnehmen und auf einer Platte gestapelt im Backofen warm stellen.

5 Den ganzen Teig portionsweise abbacken. Die fertigen Pfannkuchen mit Zucker bestreuen und servieren.

Apfelpfannkuchen mit saurer Sahne

Für den Teig:

4 frische Eier
2 EL Zucker
Salz
150 g saure Sahne
5 EL Mehl
100 g Haferflocken

Für die Äpfel:

2 große Äpfel
4 EL Zitronensaft

Außerdem:

8 EL Pflanzenöl
4 EL Preiselbeeren aus dem Glas

- **Zubereitungszeit: ca. 35 Min.**
- **Zeit zum Ruhen: ca. 30 Min.**

1 Eier, Zucker, 1 Prise Salz und saure Sahne zusammen mit 125 ml Wasser in eine Schüssel geben und verquirlen. Das Mehl und die Haferflocken vermischen und nach und nach dazugeben. Das Ganze zu einem glatten Teig verrühren und diesen etwa 30 Minuten ruhen lassen.

2 Inzwischen die Äpfel waschen, trockenreiben und die Kerngehäuse ausstechen. Sie in etwa 1/2 cm dicke Ringe schneiden und sofort mit Zitronensaft beträufeln. Den Backofen auf 50 °C vorheizen.

3 2 Eßlöffel Öl in einer Pfanne erhitzen. Ein Viertel des Teiges mit einer Schöpfkelle hineingeben und durch Schwenken verteilen. Darauf 4 Apfelscheiben verteilen und den Pfannkuchen bei mittlerer Hitze 2 bis 3 Minuten an der Unterseite goldbraun backen. Ihn dann vorsichtig umdrehen und weitere 2 bis 3 Minuten backen. Den Apfelpfannkuchen im Ofen warm stellen und den restlichen Teig abbacken.

4 Die Pfannkuchen mit den Apfelscheiben nach oben auf 4 Teller verteilen und je einen Klecks Preiselbeeren in die Ringe geben.

Sesam-Pfannkuchen mit Apfelkompott

(ohne Abbildung)

4 frische Eier
200 ml Milch
12 Stücke Süßstoff
1 Prise Salz
60 g Mehl
2 TL Sesamsamen
1 EL Butter
150 g Diät-Quark
mit Backobst-Müsli
350 g Apfelkompott aus dem Glas

- **Zubereitungszeit: ca. 30 Min.**

1 Die Eier mit der Milch verquirlen. Den Süßstoff zerdrücken und zusammen mit dem Salz und dem Mehl dazugeben. Das Ganze gut miteinander verrühren. Den Backofen auf 50 °C vorheizen.

2 1/2 Teelöffel Sesamsamen in einer beschichteten Pfanne ohne Fettzugabe goldbraun rösten. Dann ein Viertel der Butter darin erhitzen und ein Viertel des Teiges mit einer Schöpfkelle hineingeben und durch Schwenken verteilen. Den Pfannkuchen bei mittlerer Hitze 2 bis 3 Minuten an der Unterseite goldbraun backen. Ihn dann vorsichtig umdrehen und weitere 2 bis 3 Minuten backen. Ihn im Ofen warm stellen und den restlichen Teig abbacken.

3 Die Pfannkuchen mit Quark und Apfelkompott füllen und servieren.

Tip

Wenn Sie noch mehr Kalorien sparen möchten, können Sie anstelle der Butter auch Margarine zum Backen verwenden.

Flambierte Apfelcrêpes

(ohne Abbildung)

Für den Teig:
3 EL Butter
125 g Mehl
1 EL Zucker
Salz
3 frische Eier
250 ml Milch
1 Vanilleschote

Für die Füllung:
4 Äpfel (z.B. Elstar)
Saft von 1/2 Zitrone
1 EL Butter
1 EL Puderzucker
4 EL Calvados

Außerdem:
2 EL Butter
4 EL Calvados

- **Zubereitungszeit: ca. 45 Min.**
- **Quellzeit: ca. 30 Min.**

1 Die Butter zerlassen. Das Mehl in eine Schüssel sieben, Zucker und 1 Prise Salz untermengen. In die Mitte eine Vertiefung drücken, die Eier hineinschlagen und alles zusammen mit der Butter mit einem Schneebesen verrühren.

2 Die Hälfte der Milch langsam zugießen und alles glatt verrühren. Anschließend die restliche Milch zugießen, bis ein dünnflüssiger Teig entstanden ist. Die Vanilleschote aufschlitzen, das Mark auskratzen und unter den Teig rühren. Den Teig etwa 30 Minuten ruhen lassen.

3 Die Äpfel waschen und trockenreiben oder nach Belieben schälen. Sie vierteln, entkernen und in Spalten schneiden. Diese sofort mit dem Zitronensaft beträufeln, damit sie nicht braun werden.

4 Die Butter in einer Pfanne erhitzen und die Apfelspalten darin zusammen mit dem Puderzucker andünsten. Sie mit dem Calvados ablöschen und weiter 5 Minuten dünsten. Sie dann vom Herd nehmen.

5 Etwas Butter in eine Pfanne geben und erhitzen. Mit einer kleinen Schöpfkelle Teig in die Pfanne geben. Diesen durch Schwenken dünn verteilen und bei mittlerer Hitze von unten bräunen lassen. Das Crêpe umdrehen und fertig backen. Den Teig nacheinander auf diese Weise abbacken.

6 Die Crêpes zweimal zusammenklappen und mit den Apfelspalten füllen. Den Calvados über einem Teelicht erwärmen, über die Crêpes gießen und anzünden.

Warme Apfelspeise

Für die Vanillesauce:

1–2 EL Speisestärke
1 Eigelb
500 ml Milch
2 EL Zucker
1–2 TL Bourbon-Vanillezucker

Für die Äpfel:

4 große Äpfel
3–4 EL Zucker
4 EL Butter
200 g Haferflocken

● **Zubereitungszeit: ca. 35 Min.**

1 Für die Sauce die Speisestärke und das Eigelb in 2 Eßlöffel kalter Milch anrühren. Die restliche Milch erhitzen und zusammen mit dem Zucker und dem Vanillezucker zum Kochen bringen. Die angerührte Speisestärke unter ständigem Rühren in die heiße Milch gießen und das Ganze kurz aufkochen lassen. Die Sauce beiseite stellen und nach Belieben warm halten.

2 Die Äpfel waschen und trockenreiben. Die Kerngehäuse ausstechen. Sie mit 1 bis 2 Eßlöffel Zucker bestreuen.

3 Die Äpfel in einen mit etwa 125 ml Wasser gefüllten Topf geben und bei geringer Hitze in 5 bis 10 Minuten weichdünsten.

4 Inzwischen die Butter in einer Pfanne erhitzen und die Haferflocken dazugeben. Sie mit dem restlichen Zucker bestreuen und unter ständigem Rühren goldgelb rösten. Die Pfanne vom Herd nehmen.

5 Die Äpfel auf vier Teller geben, die Röstflocken darübergeben und zusammen mit der Vanillesauce servieren.

Mandel-Äpfel mit Vanille-Sahne-Sauce

Für die Äpfel:

4 säuerliche Äpfel
250 ml Weißwein
3 EL Zucker
1 P. Citro-back
2–3 EL Johannisbeergelee
40 g süße Mandeln, gesplittert
1 EL Butter

Für die Vanille-Sahne-Sauce:

1–2 EL Speisestärke
1 frisches Eigelb
500 ml Milch
2 EL Zucker
1–2 TL Bourbon-Vanillezucker
4 El Sahne

Außerdem:

Dekorblätter aus weißer oder Zartbitterschokolade zum Garnieren

- **Zubereitungszeit: ca. 35 Min.**

1 Die Äpfel waschen, schälen und die Kerngehäuse ausstechen.

2 Den Weißwein zusammen mit dem Zucker und dem Citro-back aufkochen. Die Äpfel dazugeben und darin etwa 10 Minuten nicht zu weich garen.

3 Inzwischen für die Sauce die Speisestärke und das Eigelb in 2 Eßlöffeln kalter Milch anrühren. Die restliche Milch erhitzen und zusammen mit dem Zucker und dem Vanillezucker zum Kochen bringen. Die angerührte Speisestärke unter ständigem Rühren in die heiße Milch gießen und das Ganze kurz aufkochen lassen. Die Sauce vom Herd nehmen und die Sahne einrühren.

4 Die Äpfel mit einem Schaumlöffel herausnehmen und abtropfen lassen. Sie jeweils auf einen Teller setzen und mit Johannisbeergelee füllen.

5 Die Butter in einer Pfanne erhitzen und die Mandeln darin kurz anrösten. Sie vom Herd nehmen und die Äpfel mit den Mandelsplittern spicken. Die Sauce um die Äpfel herumgießen und sie mit Schokoblättern garniert servieren.

Geringelter Apfel mit Kirschgrütze

4 grüne, festfleischige Äpfel
500 ml Kirschsaft
100 ml Holundersaft
1 Zimtstange
3 Eßlöffel Streusüße mit NutraSweet
3 EL Maismehl

● **Zubereitungszeit: ca. 45 Min.**

1 Die Äpfel waschen und mit einem Sparschäler spiralenförmig so schälen, daß von der Schale noch Ringe an den Äpfeln bleiben. Die Kerngehäuse ausstechen.

2 Den Kirschsaft zusammen mit dem Holundersaft und der Zimtstange aufkochen und mit Streusüße süßen. Die Äpfel hineingeben und bei mittlerer Hitze 10 bis 15 Minuten zugedeckt kochen lassen. Sie dann herausnehmen und je auf einen tiefen Teller stellen.

3 Das Maismehl mit etwas Wasser verrühren. Die Zimtstange aus dem Saft entfernen, diesen erneut zum Kochen bringen und vom Herd nehmen. Das vorbereitete Maismehl mit einem Schneebesen hineinrühren und das Ganze noch einmal aufkochen lassen. Die Kirschgrütze nach Belieben mit Streusüße abschmecken und um die Äpfel verteilen. Das Dessert kalt oder warm servieren.

Tip

Wichtig ist, daß Sie für dieses Dessert keine mürben Äpfel verwenden, denn diese zerfallen beim Kochen.

Apfelsorbet mit Calvados

(ohne Abbildung)

100 g Zucker
500 g Äpfel (z.B. Golden Delicious)
125 ml trockener Weißwein
125 ml Zuckersirup, 1 Limone
2 EL Calvados, 1 Eiweiß
einige Minzeblätter zum Garnieren

Zubereitungszeit: ca. 40 Min.
Gefrierzeit: ca. 25 Min.

1 Den Zucker in 150 ml Wasser geben und langsam erhitzen, dabei gelegentlich umrühren, so daß sich der Zucker auflöst. Die Zuckerlösung zum Kochen bringen und so lange einkochen lassen, bis ein heller Sirup entstanden ist. Abkühlen lassen.

2 Die Äpfel schälen, vierteln und die Kerngehäuse entfernen.

3 Den Weißwein mit dem Zuckersirup erhitzen, die Äpfel darin etwa 3 Minuten aufkochen lassen und mit dem Pürierstab eines Handrührgeräts fein pürieren.

4 Die Limone waschen, trockenreiben, auspressen und das Püree mit Limonensaft abschmecken. Den Calvados und das Eiweiß dazugeben und gut verrühren. Die Fruchtmasse in eine Sorbetière geben und in etwa 25 Minuten im Gefrierfach festwerden lassen.

5 Die Minzeblättchen abbrausen und trockentupfen. Das Sorbet in Stielgläser füllen und mit Minzeblättchen garniert servieren.

Kokos-Früchte-Platte

(ohne Abbildung)

3 verschiedenfarbige Äpfel, 4 Zitronen
2 feste, nicht zu reife Bananen
1/2 Ananas (quergeteilt)
1/2 Honigmelone (quergeteilt)
2 Kiwis
einige Zweige krause Petersilie
einige Zweige Zitronenmelisse
125 g Zucker, 1/2 TL Rosenwasser
100 g Kokoscreme

- **Zubereitungszeit: ca. 1 Std. 20 Min.**
- **Zeit zum Ziehen: ca. 20 bis 30 Min.**

1 Die Äpfel achteln und die Kerngehäuse entfernen. Die Schalen der Apfelachtel jeweils in der Mitte mit einem spitzen Messer zickzackförmig einritzen und oberhalb der Linie vorsichtig entfernen. Sie sollten sich wie Blütenblätter abspreizen.

2 Die verbliebenen Schalen sehr vorsichtig so weit wie möglich nach unten lösen. Drei Zitronen auspressen und den Saft mit 300 ml Wasser vermischen. Die Apfelachtel darin 20 bis 30 Minuten einlegen.

3 Inzwischen die Schalen der Bananen in der Mitte zickzackförmig einschneiden und die Bananen entlang der eingeschnittenen Linien vorsichtig auseinanderschneiden. Die Strünke abschneiden, damit die Bananenhälften aufrecht gestellt werden können.

4 Die Ananas schälen und etwa 2 cm dicke Scheiben schneiden. Zwei Ananasscheiben im Abstand von etwa 3 cm einkerben und in die Kerben die Apfelspalten legen.

5 Die restliche Zitrone auspressen und mit 100 ml Wasser vermischen. Die Honigmelone schälen, in etwa 2 cm dicke Scheiben schneiden und mit dem Zitronenwasser bestreichen. Zwei Melonenscheiben wie die Ananasscheiben einkerben und mit Apfelspalten belegen.

6 Die Kiwis wie die Bananen zickzackförmig in der Mitte querteilen. Die Kiwihälften in die Mitte der Ananas setzen. Die Petersilie und die Zitronenmelisse abbrausen, trockenschütteln und mit den Kräutern die »Fruchtblume« garnieren. Die Ananas- und Melonenblumen zusammen mit den Bananen auf einer Platte anrichten.

7 Für den Sirup den Zucker in 125 ml Wasser geben und langsam erhitzen; dabei gelegentlich umrühren, damit sich der Zucker auflöst. Die Zuckerlösung zum Kochen bringen und so lange einkochen lassen, bis ein heller Sirup entstanden ist. Diesen zum Schluß mit dem Rosenwasser aromatisieren.

8 Die Kokoscreme raspeln und mit etwa 125 ml heißem Wasser glatt verrühren. Den Sirup und die Kokoscreme über die Früchte träufeln und die Fruchtplatte servieren.

Apfel-Joghurt-Terrine im Biskuitmantel

Für den Biskuit:

125 g Marzipanrohmasse
etwas Milch
100 g Mehl
100 g Speisestärke
5 frische Eier
200 g Zucker
450 g Aprikosenkonfitüre

Für die Terrine:

7 mittelgroße Äpfel (z.B. Gloster)
100 g Zucker
abgeriebene Schale von
1/2 unbehandelten Limone
(ersatzweise Zitrone)
6 Blatt weiße Gelatine
2 EL Calvados
200 g Vollmilchjoghurt (3,5 % Fett)
40 g gehackte Walnüsse
50 g gehackte Pistazien

Für die Calvados-Schaumsauce:

5 frische Eigelb
100 ml Apfelsaft
100 ml Weißwein
2 EL Calvados
60 g Zucker
Saft von 1 Limone

Außerdem:

Butter für das Blech und die Form
1–2 TL Zucker für das Blech

- **Zubereitungszeit:** ca. 1 Std. 30 Min.
- **Zeit zum Pressen:** ca. 12 Std.
- **Zeit zum Kühlen:** mindestens 2 Std.

1 Für den Biskuit die Marzipanrohmasse mit etwas Milch weich verkneten. Das Mehl mit der Speisestärke vermischen. Die Eier trennen. Den Backofen auf 220 °C vorheizen.

2 Die Eiweiße steif schlagen, dabei etwa ein Drittel des Zuckers einrieseln lassen. Den restlichen Zucker zusammen mit den Eigelben und der Marzipanrohmasse schaumig rühren. Den Eischnee vorsichtig unterziehen und zum Schluß die Mehlmischung darübersieben und unterheben.

3 Ein Backblech mit Butter einfetten und mit Zucker bestreuen. Den Teig auf dem Blech verteilen und auf der mittleren Einschubleiste in etwa 15 Minuten goldbraun backen.

4 Den Biskuit aus dem Ofen nehmen, auskühlen lassen und in sechs Teile schneiden. Diese mit der Aprikosenkonfitüre bestreichen, zusammensetzen und über Nacht pressen.

5 Am nächsten Tag eine Terrinenform (ca. 42 cm lang) mit Butter ausfetten. Den Biskuit quer in dünne Streifen schneiden und die Terrinenform damit auslegen.

6 Für die Apfel-Joghurt-Masse die Äpfel waschen, trockenreiben und schälen. Sie vierteln, vom Kerngehäuse befreien und das Fruchtfleisch kleinhacken. Sie dann zusammen mit dem Zucker und der Limonenschale so lange einkochen, bis die Flüssigkeit verdampft ist.

7 Die Gelatine in kaltem Wasser etwa 5 Minuten einweichen. Inzwischen für das Wasserbad Wasser in einem großen Topf erhitzen.

8 Die Gelatine herausnehmen, abtropfen lassen, in einen kleinen Topf geben und im heißen Wasserbad unter leichtem Rühren so lange erwärmen, bis sie gelöst ist. Sie dann zusammen mit dem Calvados zu den Äpfeln geben. Das Ganze lauwarm abkühlen lassen. Dann den Joghurt, die Walnüsse und die Pistazien dazugeben und alles glatt verrühren. Die Mischung in die Terrinenform füllen und mindestens 2 Stunden kalt stellen.

9 Für die Sauce die Eigelbe zusammen mit dem Apfelsaft, dem Weißwein und dem Calvados in eine Metallschüssel geben und in ein heißes Wasserbad stellen. Das Ganze zusammen mit dem Zucker schaumig schlagen und zum Schluß mit Limonensaft abschmecken.

10 Zum Servieren die Terrine stürzen, in Scheiben schneiden und auf der Sauce anrichten.

Schichtdessert mit Zwieback

1 kg Äpfel (z.B. Cox Orange)
3 EL Apfelsaft
150 g Zucker
1/2 TL Ingwerpulver
1/2 TL Zimtpulver
Nelkenpulver
250 g Zwieback
100 g geriebene Haselnüsse
80 g Butter
250 g Sahne
1 EL flüssiger Honig
1 EL Kakaopulver

- **Zubereitungszeit: ca. 15 Min.**

1 Die Äpfel waschen und trockenreiben. Sie vierteln, vom Kerngehäuse befreien und in kleine Stücke schneiden. Diese zusammen mit Apfelsaft, 100 Gramm Zucker sowie je der Hälfte des Ingwerpulvers und des Zimtpulvers sowie 1 Prise Nelkenpulver etwa 5 Minuten weich dünsten. Sie dann vom Herd nehmen.

2 Den Zwieback in einen großen Gefrierbeutel geben und mit einem Teigroller zu Bröseln zerdrücken. Den restlichen Zucker, die Haselnüsse und die restlichen Gewürze dazugeben und alles gut miteinander vermischen.

3 Die Butter in einer großen Pfanne erhitzen und zerlassen. Die Zwiebackmischung dazugeben und unter Rühren braun werden lassen. Das Ganze vom Herd nehmen.

4 Die Sahne steifschlagen und mit Honig süßen. In eine Glasschale schichtweise Apfelkompott, Zwiebackmischung und Sahne geben, das Ganze mit einer Sahneschicht abschließen und vor dem Servieren mit Kakaopulver bestäuben.

Apfel-Joghurt-Creme

(ohne Abbildung)

1 großer roter Apfel
250 g Weintrauben
1 große Banane
1 Orange
Saft von 1 Zitrone
6 EL Zucker
5 Blatt weiße Gelatine
300 g Joghurt
1 P. Bourbon-Vanillezucker
200 g Sahne

- **Zubereitungszeit: ca. 50 Min.**
- **Zeit zum Kaltstellen: mindestens 2 Std.**

1 Den Apfel waschen und trockenreiben. Ihn vierteln, vom Kerngehäuse befreien und in dünne Spalten schneiden.

2 Die Trauben abzupfen, waschen, trockentupfen, halbieren und entkernen. Die Banane schälen und in dünne Scheiben schneiden, die Orange schälen und in die Filets zerteilen.

3 2 Eßlöffel Zitronensaft zusammen mit 4 Teelöffel Zucker verrühren und das Obst darin etwa 10 Minuten ziehen lassen.

4 Die Gelatine in kaltem Wasser etwa 5 Minuten einweichen, inzwischen für das Wasserbad in einem großen Topf Wasser erhitzen. Die Gelatine herausnehmen, leicht ausdrücken, in einen kleinen Topf geben und im heißen Wasserbad unter leichtem Rühren so lange erwärmen, bis sie gelöst ist.

5 Den Joghurt mit dem restlichen Zucker, dem restlichen Zitronensaft und dem Vanillezucker vermischen und die gelöste Gelatine in die Joghurtmischung rühren. Das Ganze im Kühlschrank etwa 10 Minuten kalt stellen, bis die Creme halbfest erstarrt ist.

6 Inzwischen die Sahne steifschlagen. Etwas Sahne für die Garnitur beiseite stellen, den Rest unter die halbfeste Creme ziehen. Dann das Obst bis auf einige Stücke für die Garnitur untermischen. Die Creme in Portionsschalen füllen, mit Sahne und Obst verzieren und mindestens 2 Stunden kalt stellen.

Kerniger Apfelschaum

4 mittelgroße Äpfel
2 EL Zitronensaft
1 frisches Eiweiß
1 P. Bourbon-Vanillezucker
4 EL Haferflocken
2 TL Honig
2 EL Apfelsaft

● **Zubereitungszeit: ca. 30 Min.**

1 Die Äpfel waschen und schälen. Sie vierteln, vom Kerngehäuse befreien und in kleine Stücke schneiden. Diese zusammen mit 2 Eßlöffeln Wasser und dem Zitronensaft etwa 8 Minuten ankochen und mit dem Pürierstab eines Handrührgeräts pürieren.

2 Für den Apfelschnee das Eiweiß zusammen mit dem Vanillezucker steif schlagen und 2 Eßlöffel Apfelpüree unter den Eischnee ziehen.

3 Für die Röstflocken die Haferflocken in eine beschichtete Pfanne geben und ohne Fettzugabe kurz anrösten. Unter ständigem Rühren den Honig und den Apfelsaft hinzufügen, die Röstflocken vom Herd nehmen und abkühlen lassen.

4 Das Apfelpüree auf vier Dessertbecher verteilen und den Apfelschnee daraufgeben. Die Apfel-Röstflocken darüberstreuen und den Apfelschaum servieren.

Apfeldessert mit Mascarponecreme

Zutaten für 4–6 Portionen:

800 g süß-säuerliche Äpfel (z.B. Gloster)
125 ml Apfel- oder Weißwein
1 P. Bourbon-Vanillezucker
5 EL brauner Zucker
abgeriebene Schale von 1/2 unbehandelten Zitrone
2 frische Eigelb
50 g Puderzucker
500 g Mascarpone
100 g Makronen

- **Zubereitungszeit: ca. 35 Min.**
- **Zeit zum Abkühlen: ca. 1 Std.**

1 Die Äpfel waschen und trockenreiben. Sie vierteln, vom Kerngehäuse befreien und in dicke Spalten schneiden.

2 Die Apfelspalten zusammen mit Apfel- oder Weißwein, Vanillezucker, Zucker und Zitronenschale bei geringer Hitze zugedeckt etwa 12 Minuten weichgaren. Dann vom Herd nehmen und erkalten lassen.

3 Die Eigelbe zusammen mit dem Puderzucker schaumig rühren, mit dem Mascarpone vermischen.

4 Das Apfelkompott und die Mascarponecreme abwechselnd in eine Schüssel schichten und zusammen mit den Makronen anrichten.

Tip

Besonders gut schmeckt das Kompott, wenn Sie es mit 1 Eßlöffel Calvados oder braunem Rum aromatisieren.

Gefrorene Äpfel mit Mascarpone

Für die Äpfel:

1 Bund Minze
2 große grüne Äpfel (z. B. Granny Smith)
5 EL Zitronensaft
150 g Mascarpone
3 EL Streusüße

Für das Kiwimark:

2 Kiwis
1 EL Zitronensaft
1 EL Streusüße

Für das Erdbeermark:

140 g Erdbeeren
1 EL Zitronensaft
1 EL Streusüße

Außerdem:

1 Kiwi

- **Zubereitungszeit: ca. 30 Min.**
- **Zeit zum Kühlen: ca. 20 bis 30 Min.**

1 Die Minze abbrausen, trockenschütteln und die Blätter von den Stielen abzupfen. Die Minzkronen für die Garnitur beiseite legen. Die Äpfel waschen und trockenreiben, 1 Apfel schälen. Beide Äpfel vierteln und die Kerngehäuse entfernen.

2 Die Apfelviertel zusammen mit den Minzblättern und dem Zitronensaft in einem Mixer grob pürieren und anschließend mit der Streusüße und dem Mascarpone verrühren. Das Ganze in eine Schüssel füllen und im Gefrierschrank 20 bis 30 Minuten leicht gefrieren lassen. Dabei zwei- bis dreimal umrühren, damit die Masse gleichmäßig anfriert.

3 Inzwischen für das Kiwimark die Kiwis schälen und mit einer Gabel fein zerdrücken. Das Mus mit Zitronensaft und Streusüße abschmekken und kalt stellen.

4 Für das Erdbeermark die Erdbeeren verlesen, ein paar Erdbeeren für die Garnitur beiseite stellen. Die übrigen Früchte putzen, waschen und trockentupfen. Sie in einem Mixgerät oder mit dem Pürierstab eines Handrührgeräts pürieren und durch ein Sieb streichen. Das Püree mit Zitronensaft und Streusüße abschmecken und kalt stellen.

5 Die Dessertteller vorkühlen und mit einem großen Löffel die halbgefrorene Apfelmasse daraufgeben. Diese jeweils mit einem Eßlöffel Kiwi- und Erdbeermark umgießen. Die Kiwi schälen und in Scheiben schneiden. Die Erdbeeren waschen und trockentupfen. Das Ganze mit Kiwischeiben, Erdbeeren und Minzblättchen garnieren und servieren.

Tips

Statt der Äpfel können Sie auch die gleiche Menge Anjou-Birnen oder Stachelbeeren verwenden. Achten Sie jedoch immer darauf, daß die Früchte nicht zu stark gefroren werden, da sonst das Aroma verlorengeht und die Masse zu hart wird.

Zu Stachelbeeren paßt am besten Aprikosenmark aus 150 g Aprikosen, 1 Eßlöffel Zitronensaft und 1 Eßlöffel Streusüße, das wie die oben beschriebenen Fruchtmarke zubereitet wird.

Feines Apfelmus mit Calvados

(ohne Abbildung)

1 kg Äpfel (z.B. Boskoop)
1 Vanilleschote
2 Gewürznelken
100 g Zucker
1 TL Zimtpulver
5 EL Butter
1 EL Calvados

- **Zubereitungszeit: ca. 50 Min.**

1 Die Äpfel waschen, schälen, vierteln und vom Kerngehäuse befreien.

2 Die Vanilleschote längs aufschlitzen und das Mark mit einem Teelöffel herauskratzen. Das Mark zusammen mit den Apfelvierteln und den Gewürznelken in einen Topf geben, knapp mit Wasser bedecken und zugedeckt bei mittlerer Hitze 10 bis 20 Minuten weich kochen.

3 Die Gewürznelken entfernen, die Äpfel aus dem Topf nehmen und durch ein feines Sieb streichen oder mit dem Pürierstab eines Handrührgeräts pürieren.

4 Den Zucker, die Hälfte des Zimtpulvers und die Butter unter das Apfelmus rühren. Zum Schluß das Mus mit dem Calvados verfeinern und mit dem restlichen Zimtpulver bestäuben.

Äpfel zum Dippen

100 g Vollmilchschokolade
300 g Sahne, 2 EL Cornflakes
1 EL Bourbon-Vanillezucker
1 Prise Zimtpulver
2 EL gemahlene Haselnüsse
800 g verschiedene Apfelsorten
1 Zitrone

● **Zubereitungszeit: ca. 25 Min.**

1 Die Schokolade in einem Topf bei geringer Hitze unter Rühren schmelzen und mit 2 Eßlöffeln Sahne vermischen. Die Cornflakes in eine Gefriertüte geben und zerbröseln.

2 Die restliche Sahne zusammen mit dem Vanillezucker und dem Zimtpulver steif schlagen. Eine Hälfte der steifen Sahne mit den Nüssen, die andere mit den Cornflakesbröseln vermischen.

3 Die Äpfel waschen und trockenreiben. Sie vierteln, vom Kerngehäuse befreien und in Spalten schneiden. Die Zitrone auspressen, den Saft mit 4 Eßlöffeln Wasser vermischen und mit dem Zitronenwasser die Apfelspalten beträufeln, damit sie sich nicht braun verfärben.

4 Die flüssige Schokolade, die Nußsahne und die Cornflakes-Sahne in Schüsselchen verteilen. Die Apfelspalten auf einer großen Platte anrichten und alles zusammen servieren. Die Apfelspalten in die verschiedenen Dips tauchen.

Tip

Bieten Sie diesen fruchtig-süßen Genuß z. B. bei Kindergeburtstagen an.

Zimtäpfel

(ohne Abbildung)

2 mürbe säuerliche Äpfel
2 EL Butter
2–3 EL Zitronensaft
1–2 EL Honig oder Zucker
1/2 TL Zimtpulver

● **Zubereitungszeit: ca. 15 Min.**

1 Die Äpfel waschen, trockenreiben, halbieren und vom Kerngehäuse befreien.

2 Die Butter in einer beschichteten Pfanne bei mittlerer Hitze erhitzen und die Äpfel mit der Schnittfläche nach unten darin anbraten.

3 Die Äpfel aus der Pfanne nehmen. Die Schnittflächen mit Zitronensaft beträufeln, mit Honig bestreichen oder mit Zucker bestreuen und abschließend mit Zimtpulver bestäuben.

Apfelmilchreis

(ohne Abbildung)

300 g Äpfel
500 ml Milch
2 EL Butter
Schale von 1/2 unbehandelten Zitrone
Salz
100 g Rundkornreis
1 EL Zucker
1 TL Zimtpulver

● **Zubereitungszeit: ca. 25 Min.**

1 Die Äpfel waschen und trockenreiben. Sie schälen, vierteln, vom Kerngehäuse befreien und in Spalten schneiden.

2 Die Milch zusammen mit der Butter, der Zitronenschale und 1 Prise Salz in einen Topf geben und zum Kochen bringen.

3 Den Reis zusammen mit den Apfelscheiben hinzufügen und den Reis bei schwacher Hitze zugedeckt 15 bis 20 Minuten quellen lassen.

4 Den Apfelmilchreis vom Herd nehmen, die Zitronenschale entfernen und vor dem Servieren mit Zucker und Zimt bestreuen.

Wackel-Apfel

12 Blatt weiße Gelatine
1 l Apfelsaft
1 Vanilleschote
1–2 TL Zucker oder
Honig nach Belieben
3 süß-aromatische Äpfel
(z.B. Golden Delicious)

- **Zubereitungszeit: ca. 15 Min.**
- **Wartezeit: ca. 3–4 Std.**

1 Die Gelatine in kaltem Wasser mindesten 5 Minuten einweichen.

2 Inzwischen den Apfelsaft in einen Topf gießen. Die Vanilleschote aufschlitzen und zusammen mit dem Saft erhitzen. Diesen nach Belieben mit Zucker oder Honig süßen.

3 Die Gelatine aus dem Wasser nehmen, leicht ausdrücken und im heißen Apfelsaft unter leichtem Rühren auflösen. Die Vanilleschote herausnehmen, den Apfelsaft kalt stellen und einige Minuten zum Angelieren in eine mit Eisstückchen und Wasser gefüllte Schüssel stellen.

4 Die Äpfel waschen und trockenreiben. Sie vierteln, vom Kerngehäuse befreien und das Fruchtfleisch in feine Würfel schneiden. Die Apfelwürfel sofort unter den Apfelsaft mischen, sobald dieser fest zu werden beginnt.

5 Puddingförmchen kalt ausspülen, das Gelee einfüllen und im Kühlschrank in etwa 3 bis 4 Stunden festwerden lassen. Vor dem Servieren die Förmchen für wenige Sekunden in handwarmes Wasser halten, den Boden abtrocknen und dann stürzen.

Tips

Bevor Sie die Förmchen auf eine Servierplatte stürzen, sollten Sie diese mit etwas Wasser benetzen, damit die Wackeläpfel gegebenenfalls nicht verrutschen können.

Wenn sich das Dessert nach einmaligem kräftigem Rütteln nicht aus der Form löst, legen Sie einfach für etwa 15 Sekunden ein nasses heißes Tuch auf die Form und probieren es dann noch einmal.

Knusprige Apfelspeise

(ohne Abbildung)

1 EL Butter
1 EL kernige Haferflocken
250 g Sahne
400 g Äpfel
2 TL Honig
1 Prise Zimtpulver
100 g gehackte Mandeln

- **Zubereitungszeit: ca. 20 Min.**

1 Die Butter in einer beschichteten Pfanne erhitzen und bei mittlerer Hitze zerlassen. Die Haferflocken dazugeben und unter ständigem Rühren knusprig rösten. Die gerösteten Haferflocken auf einen Teller geben und abkühlen lassen.

2 Inzwischen die Sahne steif schlagen. Die Äpfel waschen und trockenreiben. Sie vierteln, vom Kerngehäuse befreien und das Fruchtfleisch raspeln. Die Apfelraspel in eine Schüssel geben, den Honig und das Zimtpulver dazugeben und alles vermischen. Zuletzt die Sahne untermengen.

3 Die Apfelspeise in vier Dessertschalen verteilen und vor dem Servieren die Mandeln und die gerösteten Haferflocken darüberstreuen.

Backen mit Äpfeln

Was wäre ein Kochbuch über Äpfel, in dem nicht beschrieben wird, welche fruchtig-frischen Köstlichkeiten man mit diesem vielseitigen Obst im Backofen zaubern kann? Die Palette der im folgenden vorgestellten Rezepte reicht von variantenreichen Strudeln über Fettgebackenes, Blechkuchen aus Hefe- oder Quark-Öl-Teig bis hin zu festlichen Torten.

Holsteiner Apfelkuchen, Rezept siehe Seite 123

Delikates aus der Apfel-Backstube

Mit Äpfeln lassen sich die schmackhaftesten Kuchen zaubern, und durch Zugabe von verschiedensten Zutaten wie etwa Vanille, Gewürznelken oder Zimt, aber auch Zitronenschale, Haferflocken, Mandeln und Nüssen kann man dem Backwerk einen immer wieder anderen Geschmack verleihen. Lassen Sie Ihrer Kreativität freien Lauf, und verwöhnen Sie Ihre Familie und Ihre Gäste mit den delikaten Apfel-Leckerbissen aus der heimischen Backstube!

Die Wahl der Zutaten

Damit die Kuchen und das Gebäck auch gut gelingen, sollten Sie beim Backen immer darauf achten, daß die verwendeten Zutaten im einwandfreien Zustand und vor allem frisch sind. Das gilt auch für die Mehlsorten, das Backpulver und vor allem die Eier. Besonders beim Lagern der zum Teil empfindlichen Ingredienzien sollten Sie stets einige Grundregeln beherzigen.

Mehl und Stärke

Mehl, das aus den Körnern von nahezu allen Getreidearten (Weizen, Roggen, Gerste, Dinkel, Mais, Reis) gemahlen werden kann, bildet die Basis für jeden Teig. Außer wenn es in der Zutatenliste anders angegeben ist, werden die im folgenden vorgestellten Backwaren stets mit fein gemahlenem Weizenmehl Type 405 (Weiß- oder Auszugsmehl) zubereitet. Die gute Backfähigkeit von Weizenmehl begründet sich auf dem sogenannten Klebereiweiß des Mehlkörpers. Es quillt in Verbindung mit Flüssigkeit auf und bildet beim Verkneten eine elastische Masse, den Weizenkleber, der die Flüssigkeit im Teig bindet. Beim Backen verdampft die Flüssigkeit, und die im Teig eingeschlossene Luft kann sich ausdehnen.

Ganz entscheidend für das Gelingen des Backwerks sind jedoch nicht nur Menge, Type und Sorte, sondern auch die Frische des Mehls. Beachten Sie, daß sich der Feuchtigkeits- und Fettgehalt des Mehls durch längeres Lagern verändert, es wird immer trockener und schließlich sogar ranzig. Dies gilt besonders für Vollkornmehl, also Mehlsorten der Type 1700 oder 1800 (Vollkornmehl, Backschrot).

Grundsätzlich sollte Mehl immer kühl, dunkel und trocken in luftdichten Behältern oder im Kühlschrank gelagert werden, wobei Vollkornmehl aufgrund seines Fettgehalts nicht sehr lange lagerfähig ist.

Das dunkle, kräftig schmeckende Vollkornmehl unterscheidet sich jedoch nicht nur durch seinen Fettgehalt vom häufig üblichen Weißmehl. Es enthält im Gegensatz zum hellen Mehl noch alle Bestandteile des vollen Getreidekorns. Dazu zählen Keimling, Mineral- und Ballaststoffe sowie B-Vitamine.

Speisestärke wird aus Getreide, Kartoffeln oder aus den Wurzeln oder Mark tropischer und subtropischer Pflanzen gewonnen. Im Handel erhältlich sind Weizen-, Mais- und Kartoffelstärke, wobei letztere vor allem in der Nahrungsmittelindustrie verwendet wird. Zum Backen eignet sich am besten Weizenstärke. Gerade bei leichten, feinporigen Rühr- und Biskuitteigen ist es von Vorteil, das Mehl mit Weizenstärke zu vermischen. Die Stärke reduziert die Wirkung des Weizenklebers und bewirkt so, daß der Teig fein- und nicht zu großporig wird.

Zucker

Zucker war früher ein kostbarer Rohstoff, der für uns heute zur preiswerten Selbstverständlichkeit geworden ist. Diese wichtige Backzutat verleiht dem Backwerk nicht nur den süßen Geschmack, sondern beschleunigt auch die notwendige Gärung und dient als Konservierungsmittel.

Brauner Zucker besteht entweder aus nicht ganz vollständig gereinigtem Rohrzucker oder aus mit Melasse gefärbtem Weißzucker. Melasse ist eine dem Rübensirup sehr ähnliche Masse, die bei der Herstellung von Rohrzucker anfällt.

Feiner Weißzucker/Raffinade läßt sich am besten verarbeiten und wird, außer wenn es in der Zutatenliste anders angegeben ist, in den beschriebenen Rezepten verwendet. Zucker ist in luftdicht verschlossenen Behältern sehr lange haltbar.

Hagelzucker ist granulierter, grobkörniger Zucker, der vor allem zum Bestreuen verwendet wird.

Puderzucker ist sehr fein gemahlener Zucker, der zumeist zum Bestäuben und für Glasuren Anwendung findet.

Vanillezucker wird aus Weißzucker erzeugt, dem 5 Prozent echte gemahlene Vanilleschote zugesetzt wird. Beim *Bourbon-Vanillezucker* ist dies echte Bourbon-Vanille.
Vanillezucker läßt sich einfach selbst herstellen: Geben Sie zwei Vanilleschoten zusammen mit 500 Gramm Weißzucker in einen luftdichten Behälter, und rühren Sie das Ganze alle ein bis zwei Tage um. Nach ungefähr zwei Wochen ist das Aroma der Schoten auf den Zucker übergegangen.
Vanillinzucker besteht hingegen aus dem halbsynthetischen Aromastoff Vanillin (1 Prozent), Vanillearoma und Zucker. Vanillin ist etwas weniger aromatisch als Vanille.

Weitere Süßmittel

Ahornsirup ist besonders in der amerikanischen Küche beliebt. Die besten Sorten kommen aus den nordöstlichen USA und Kanada, hochwertige Produkte weisen eine helle Färbung auf. In vielen Rezepten kann er anstelle von Honig verwendet werden. Ahornsirup kann im Kühlschrank bis zu einem Jahr aufbewahrt werden, sollte jedoch zimmerwarm serviert oder weiterverarbeitet werden.
Apfel- oder Birnendicksaft ist ein Süßmittel, das durch Erhitzen und Eindicken von Apfel- oder Birnensaft hergestellt wird. Die Dicksäfte weisen einen relativ hohen Anteil an Mineralstoffen auf.
Honig ist ein hochwertiges Naturprodukt mit einem hohen Gehalt an Vitalstoffen. Als Brotaufstrich oder Süße für kalte Speisen sollte man darauf achten, wirklich guten, also kalt abgefüllten oder geschleuderten Honig zu verwenden. Beim Kochen oder Backen muß das süße Konzentrat hingegen nicht unbedingt höchsten Qualitätsansprüchen genügen, da durch das Erhitzen Inhaltsstoffe verlorengehen.
Zuckerrübensirup, auch Rübenkraut oder Rübensaft genannt, wird aus Zuckerrüben hergestellt. Er enthält Vitamine und Mineralstoffe und dient neben dem Backen auch zum Kochen oder als Brotaufstrich. Wenn man Zuckerrübensirup mit feinem Weißzucker kombiniert, entwickelt dieser die gleichen Eigenschaften wie brauner Zucker.

Fette und Öle

Beim Backen machen Fette und Öle den Teig saftig und bewirken zudem, daß sich die Backware besser hält.

Butter ist ein hochwertiges, fein schmeckendes Produkt aus süßem oder gesäuertem pasteurisierten Rahm von Kuhmilch. Dieser muß unter Zusatz von Mikroorganismen reifen und wird dann in Butterungsmaschinen (früher im Butterfaß) zu Butter verarbeitet. Süßrahmbutter schmeckt milder als die etwas aromatischere Sauerrahmbutter. Gesalzene Butter ist in der Regel Süßrahmbutter, der Salz zugesetzt wurde.
Achten Sie immer darauf, möglichst frische Butter der Handelsklasse Markenbutter zu verwenden, die höchste Qualitätsanforderungen erfüllt. Die Frische der Butter beeinflußt erheblich Geschmack und Qualität der Backware. Butter sollte immer kühl, trocken und in einer trockenen Verpackung gelagert werden, da sie schnell andere Gerüche annimmt und sich so im Geschmack verändern kann.
Butterschmalz besteht zu über 99 Prozent aus dem Fett der Butter. Es wird aus der Butter gewonnen, indem diese bei 40 bis 50 °C geschmolzen und mit hoher Geschwindigkeit zentrifugiert wird. Dabei wird es fast gänzlich von Wasser, Milcheiweiß und Milchzucker befreit. Butterschmalz verträgt sehr viel höhere Temperaturen als Butter.
Margarine besteht entweder aus rein pflanzlichen oder aus Mischungen pflanzlicher und tierischer Fette, denen Emulgatoren sowie Zusatzstoffe wie fettlösliche Vitamine, Salz, Wasser, Stärke, Farb- und Aromastoffe, Konservierungsmittel sowie bisweilen auch Milchprodukte hinzugefügt werden. Achten Sie darauf, daß die von Ihnen verwendete Margarine auch wirklich zum Backen geeignet ist.
Pflanzenöl wird beim Backen vor allem für Quark-Öl-Teige verwendet. Es macht den Teig saftig und bewirkt eine bessere Haltbarkeit des Kuchens. Wichtig ist, daß Sie geschmacksneutrale Öle verwenden. Hochwertige Öle sind zudem sehr bekömmlich und reich an ungesättigten Fettsäuren – so etwa Sonnenblumenöl, Erdnußöl, Distelöl oder Sojaöl.

Backzutaten

Aromazutaten wie etwa Rumaroma oder Zitronenaroma werden meist synthetisch hergestellt. Sie sollten stets mit Vorsicht dosiert werden, da sie über ein sehr intensives Aroma verfügen.
Backpulver ist eine Mischung aus dem Backtriebmittel Natron (Natriumhy-

drogenkarbonat), Säure, Phosphaten und einem Trennmittel. Natron gibt beim Backen Kohlendioxid ab und bewirkt auf diese Weise, daß der Teig »aufgeht«. Auch Backpulver sollte stets frisch sein, da es Struktur, Aussehen und Qualität des Teiges beeinflußt. Verwenden Sie deshalb frisches Backpulver, und lagern Sie es immer kühl und trocken in einem luftdichten Behälter. Die Frische von Backpulver können Sie ganz einfach überprüfen: Geben Sie dazu 1 Teelöffel Backpulver in 80 Milliliter heißes Wasser. Wenn sich Blasen bilden, ist das Backpulver frisch.

Eier sind bei vielen Backrezepten unverzichtbare Zutat. Auch hier ist die Frische des Produkts entscheidend für das Gelingen – Biskuitteige z.B. gehen beim Backen nicht auf, wenn nicht ganz frische Eier verwendet werden. Grundsätzlich wird in den Rezepten, wenn nicht anders angegeben, von Eiern der Gewichtsklasse M (53 Gramm bis unter 63 Gramm) ausgegangen. Weitere Gewichtsklassen sind S (unter 53 Gramm), L (63 bis 73 Gramm) und XL (73 Gramm und darüber). Ob Eier wirklich frisch sind, kann man leicht überprüfen, indem man sie entweder trennt oder ganz in ein Gefäß mit Wasser legt. Bei frischen getrennten Eiern ist das Eigelb hoch gewölbt und das Eiweiß fest. Frische Eier sinken im Wasser zu Boden und legen sich auf die Seite. Richten sie sich mit dem stumpfen Ende nach oben auf, sind sie bereits 2 bis 3 Wochen alt. Schwimmen sie gar an der Wasseroberfläche, sollte man sie nicht mehr verwenden. Da Eier Gerüche annehmen, sollten sie im Kühlschrank abgedeckt oder im Karton aufbewahrt werden – und zwar mit dem spitzeren Ende nach unten, damit der Dotter in der Mitte und die Luftkammer oben ist. Übelriechende oder zerbrochene Eier sollten auf keinen Fall verwendet werden.

Erdnüsse sind streng genommen gar keine Nüsse, sondern die Hülsenfrüchte einer ursprünglich aus Südamerika stammenden tropischen Pflanze. Wenn die Pflanze verblüht ist, biegen sich die Stiele nach unten, und die Früchte reifen in der Erde. Erdnüsse sollten luftdicht verschlossen gelagert werden und sind sowohl geschält als auch ungeschält im Kühlschrank einige Monate haltbar. Als Faustregel rechnet man 1 Kilogramm Erdnüsse für etwa 700 Gramm Erdnußkerne.

Gelatine ist eine klare, geruch- und geschmacklose Substanz, die aus dem Kollagen von Tierknochen und Knorpelgeweben hergestellt wird. Im Handel ist sie farblos oder eingefärbt, in Pulver- oder Blattform erhältlich. Gelatine dient als Geliermittel für Sülzen, Cremes, Gelees und Tortengüsse.

Gewürznelken sind die getrockneten Blütenknospen des Nelkenbaumes. Die besten kommen von der ostafrikanischen Insel Sansibar. Gewürznelken sind ganz oder gemahlen im Handel erhältlich. Sie eignen sich für deftige Gerichte, harmonieren jedoch auch ganz hervorragend mit Äpfeln und verfeinern Leb- und Honigkuchen. Aufgrund ihres intensiven Geschmacks sollte man sie nur sparsam dosieren. Nelken sollten wie andere Gewürze auch kühl, trocken, dunkel und in luftdichten Behältern gelagert werden.

Haferflocken sind die gedämpften, gequetschten und gedarrten Körner des Hafers. Als Backzutat verfeinern sie die Konsistenz und den Geschmack der Backware und liefern zudem noch reichlich Vitalstoffe.

Haselnüsse sind die mild schmeckenden, aromatischen Früchte des Haselnußstrauchs. Im Handel sind sie geschält und ungeschält erhältlich, in ganzen Kernen, gehackt oder gemahlen. Beim Backen müssen gemahlene Haselnüsse gut mit den anderen Zutaten vermischt werden, damit sich das Nußfett nicht absetzt und das Gebäck schwer wird. Haselnüsse sollten nicht zu lange gelagert werden, da sie bei Raumtemperatur schnell ranzig werden. Für Haselnüsse gilt wie für andere Nußzutaten: Sie schmecken besser und intensiver, wenn man die frischen, ganzen Kerne erst bei der Zubereitung hackt oder mahlt. Als Faustregel rechnet man 1 Kilogramm Haselnüsse für etwa 580 Gramm Haselnußkerne.

Hefe (Bier- oder Bäckerhefe) besteht aus Mikroorganismen, den sogenannten Hefezellen, die sich durch Zucker, Feuchtigkeit und Luft vermehren und deshalb den Teig auftreiben. Wenn Hefe zu kalt verarbeitet wird, geht der Teig nicht auf.

Koriander ist eine in vielen Teilen der Welt verbreitete Gewürzpflanze. Zum Backen verwendet man die Samen, die im Handel ganz oder in Pulverform erhältlich sind. Koriander paßt mit seinem zarten Aroma zu Gemüsegerichten, ist jedoch auch typisches Gewürz für Gebäck und Kompott.

Korinthen sind kleine, kernlose, getrocknete Weinbeeren einer besonderen Rebenart.

Mandeln werden je nach ihrem Gehalt an Bittermandelöl als süße oder bittere Mandeln klassifiziert. Als Backzutat finden süße Mandeln gemahlen, gehackt, gehobelt oder gestiftelt Verwendung, Bittermandeln hingegen in Form von Öl als Aromazutat. Mandeln sollten kühl und luftdicht verschlossen gelagert werden. Als Faustregel rechnet man 1 Kilogramm Mandeln für etwa 500 Gramm Mandelkerne.

Marzipan oder Mandelpaste besteht im wesentlichen aus Zucker und Mandeln und kann mit Alkohol, Rosen- oder Orangenblütenwasser oder Zitrusschale aromatisiert sein. Beim Backen findet Marzipan vor allem als Überzug von Kuchen und Torten sowie zum Füllen von Pralinen oder zum Garnieren von Gebäck Verwendung.

Mohn ist im Handel in Form ganzer Samenkörner oder gemahlen erhältlich. Beim Backen wird er für feine Füllungen oder zum Bestreuen verwendet. Frischer Mohn kann in einem luftdichten Behälter bis zu sechs Monate lang aufbewahrt werden.

Muskatnüsse sind die Fruchtkerne eines aus Südostasien stammenden Baums, die im Handel getrocknet, als ganze »Nuß« oder gemahlen erhältlich sind. Man kauft sie am besten ganz und reibt sie nach Bedarf ab.

Rosinen sind die getrockneten Weinbeeren aus hellen und dunklen Rebsorten. Beim Einkauf dieser beliebten Backzutat sollte man wenn möglich ungeschwefelte Früchte wählen, da viele Menschen auf Schwefeldioxid empfindlich reagieren. Rosinen sollten an einem kühlen, dunklen Ort aufbewahrt werden.

Sahnesteif wird aus Stärkeprodukten und Traubenzucker hergestellt. Es bewirkt, daß Sahne länger steif bleibt, und verhindert, daß sich Flüssigkeit absetzt.

Schokolade ist in Tafeln, als Streusel, Raspel, Schokoladentröpfchen, als Kuvertüre oder in Dekorformen erhältlich. Grundstoff der Schokolade ist die aus den Bohnen des in Amerika heimischen Kakaobaums hergestellte Kakaomasse. Weiße Schokolade wird aus dem Kakaobutter genannten Fett der Kakaomasse produziert.

Sultaninen sind getrocknete Weinbeeren (siehe Rosinen).

Vanille ist ein vielseitig verwendbares, für viele Süßspeisen unverzichtbares Gewürz, das aus der Kapselfrucht einer in Mittelamerika beheimateten Orchideenart gewonnen wird. Die Bourbon-Vanille stammt zumeist aus Madagaskar.

Walnüsse sind die sehr ölhaltigen, aromatischen Steinfrüchte des Walnußbaums. Im Handel sind sie in der Schale, als Kerne oder gemahlen erhältlich. Sie harmonieren geschmacklich besonders gut mit Äpfeln. Als Faustregel rechnet man 1 Kilogramm Walnüsse für etwa 570 Gramm Walnußkerne.

Zimt wird bei uns vor allem zum Backen verwendet, eignet sich jedoch auch als Würzzutat für viele warme Gerichte oder Süßspeisen. Das köstlich schmeckende Gewürz ist die getrocknete Rinde tropischer Bäume. Im Handel ist es in zwei Sorten, in Stangen- oder Pulverform erhältlich: Der bei uns häufigere Ceylon- oder Stangenzimt stammt vom Ceylonzimtbaum und schmeckt leicht süßlich, der etwas dunklere Kassiazimt ist kräftiger im Geschmack und wird von einem Zimtkassie genannten Baum gewonnen.

Backformen und -geräte

Zum erfolgreichen Backen braucht man nicht nur Sorgfalt und schmackhafte, frische Zutaten, sondern auch die richtigen, geeigneten Gerätschaften und Formen.

Unabdingbar zum Gelingen des Backwerks ist ein Meßbecher oder eine Waage, damit die benötigten Zutaten genau abgemessen werden können.

Wichtig beim Backen ist zudem das gründliche und richtige Vermischen der Zutaten. Zu den praktischsten Backutensilien gehört ein elektrisches Handrührgerät mit Quirl- und Knethaken zum Rühren oder Kneten von Teig sowie zum Steifschlagen von beispielsweise Eiweiß. Es sollte zudem mit einem Pürierstab ausgerüstet sein. Wichtig sind auch elastische Schneebesen aus Edelstahl in verschiedenen Größen, mit denen Sie Massen aufschlagen können. Ein großer Holzlöffel dient vor allem zum Unterheben von Zutaten. Weiterhin brauchen Sie verschieden große Schüsseln, vorzugsweise aus Edelstahl oder Kunststoff, sowie Siebe aus rostfreiem Material. Zum Sieben von Mehl eignen sich spezielle Drücksiebe.

Zur Grundausstattung zählen zudem Nudelrolle, Palettmesser, Backpinsel und Teigschaber. Zum Dekorieren des Backwerks brauchen Sie außerdem Spritzbeutel mit glatten und gezackten Spritztüllen.

Backformen

Backformen sind in den verschiedensten Größen und Formen sowie aus den vielfältigsten Materialien erhältlich. Zur Grundausstattung gehören ein rechteckiges Backblech, eine etwa 25 cm lange Kastenform, eine Napfkuchenform mit 18 cm Durchmesser, eine Springform mit 24 bis 28 cm Durchmesser, eine Tortenbodenform mit 26 oder 28 cm Durchmesser sowie Törtchenformen, 10 cm Durchmesser. Gute Back- und wärmeleitende Eigenschaften weisen sogenannte Antihaft- oder beschichtete Formen aus Aluminium auf. Bei Backformen aus Keramik oder Porzellan verlängert sich die Backzeit etwas. Längere Backzeiten bis zu 25 Prozent muß in Kauf nehmen, wer Ton- oder Steingutformen verwendet. Diese sind attraktiv und weisen gute Backeigenschaften auf, sind jedoch schlechte Wärmeleiter. In Kunststofformen bleibt zwar der Teig nicht haften, sie können jedoch nicht in Gasherden verwendet werden, da sie darin schmelzen. Kupferformen sind nicht nur äußerst dekorativ, sie verfügen auch über hervorragende Backeigenschaften, sind jedoch äußerst pflegeintensiv. Ebenfalls ausgezeichnete Back- und wärmeleitende Eigenschaften bieten Backformen aus Schwarzblech. Wenn man sie in Gasöfen benutzt, muß beim Backen die Temperatur um etwa 10 Prozent gesenkt werden.

Herde

In diesem Buch beziehen sich die Angaben zu Backtemperatur und -dauer auf Elektroherde mit Backöfen mit Strahlungshitze, bei denen die Hitze von unten und oben auf das Backwerk gestrahlt wird.

Bei Umluft- oder Heißluftöfen unterscheiden sich Temperatur und Luftzirkulation von Modell zu Modell bisweilen erheblich voneinander. Bei diesem Herdtyp verringern sich die angegebenen Backtemperaturen um 20 bis 30 Prozent. Beachten Sie jedoch immer genau die Empfehlungen des Herstellers.
Das gleiche gilt auch für Gasbacköfen, bei denen in der Regel die Temperaturen stufenlos über einen Thermostat geregelt werden können. Wenn Sie dunkle Backformen verwenden, müssen Sie hier die Backtemperatur um 10 Prozent verringern.

Vorheizen

Die Rezepte verlangen zumeist, daß der Backofen bereits auf die gewünschte Backtemperatur vorgeheizt ist, wenn Sie das Backgut hineingeben. In diesem Buch wird von einer Vorheizzeit von etwa 15 Minuten ausgegangen. Je nach Backofen kann sich diese Zeitangabe jedoch verringern oder verlängern.

Wichtige Backtips

Beim Backen entscheiden oft Kleinigkeiten, Sorgfalt, aber auch Tricks und Kniffe über das Gelingen des Backwerks. Im folgenden finden Sie als kleine Hilfestellung einige einfache und praktische Tips.

- Lesen Sie vor dem Backen das Rezept ganz durch, und stellen Sie alle benötigten Zutaten und Materialien am besten abgewogen und in der richtigen Temperatur bereit.

- Damit sie Zimmerwärme erreichen, sollten gekühlte Zutaten etwa 30 Minuten vor Zubereitung aus dem Kühlschrank genommen werden.

- Wenn Sie ein Backblech mit Backpapier auslegen, sollten Sie darauf achten, daß es nicht an den Rändern übersteht.

- Backformen müssen immer gründlich gesäubert und trocken sein.

- Backformen lassen sich leichter ausfetten, wenn man sie zuvor mit heißem Wasser ausspült und dann gut trockenreibt. In der warmen Form läßt sich das verwendete Fett (Butter oder Margarine) besser verteilen.

- Öffnen Sie die Ofentür nur kurz vor Ende der Backzeit für eine Garprobe. Achten Sie dabei darauf, daß Türen und Fenster geschlossen sind, damit der Kuchen nicht zusammenfällt.

- Garprobe: Ein Kuchen ist fertig, wenn:
  - ein Holzstäbchen, das in der Mitte des Kuchens bis zum Boden eingeführt wurde, trocken bleibt und keine feuchte Teigmasse daran klebt;
  - der Kuchen auf Druck leicht nachgibt;
  - der Kuchen sich von den Formrändern löst.

- Damit der Kuchen nicht zu dunkel wird, können Sie ihn kurz vor Ende der Backzeit mit Pergamentpapier abdecken. Falls das Malheur jedoch schon passiert ist, können Sie die zu dunkle Oberfläche abkratzen und mit einer dicken Glasur überziehen.

- Kuchen- und Tortenböden sollte man immer gut auskühlen lassen – am besten sogar über Nacht.

- Um die Formen nicht zu verkratzen und somit länger verwenden zu können, sollten Sie einen Spatel aus Kunststoff benutzen, wenn Sie die Backwaren aus den Formen lösen.

- Um Klümpchenbildung zu vermeiden, sollten Mehl, Puderzucker und Backpulver immer gründlich gesiebt werden.

Rührteig

Grundrezept für eine Springform von 26 cm ∅

150 g weiche Butter
150 g Zucker
2 TL Bourbon-Vanillezucker
Salz
1 TL abgeriebene Schale von
1 unbehandelten Zitrone
3 frische Eier, 200 g Mehl
50 g Speisestärke
2 TL Backpulver, 4–6 EL Milch

- **Zubereitungszeit: ca. 30 Min.**

Dieser einfach und schnell zuzubereitende Teig findet etwa bei Kuchen aus Kastenformen Verwendung, aber auch z. B. bei gedeckten Obstkuchen.

1 Die Butter zusammen mit Zucker, Vanillezucker, 1 Prise Salz und Zitronenschale so lange schaumig rühren, bis sie weiß ist. Die Eier einzeln dazugeben und jeweils ganz unterrühren.

2 Das Mehl mit der Speisestärke und dem Backpulver vermischen, sieben und unter ständigem Rühren in kleinen Portionen in die Buttermischung geben. Wenn der Teig zäh wird, etwas Milch hinzufügen. Zuletzt den Teig nochmals kurz kräftig durchrühren, bis er schwer vom Löffel fällt.

Backen

In der Regel bei etwa 190 °C, etwa 1 Stunde.

Süßer Mürbeteig

Grundrezept für eine Springform von 26 cm ∅

300 g Mehl
200 g kalte Butter
70 g Zucker
Salz, 1 frisches Ei

- **Zubereitungszeit: ca. 35 Min.**
- **Zeit zum Kaltstellen: ca. 1 Std.**

1 Das Mehl auf die (möglichst kalte) Arbeitsfläche sieben, in die Mitte eine Mulde drücken. Die Butter in Stücken hineingeben, mit Zucker und 1 Prise Salz bestreuen.

2 Alles mit den Händen zusammenschieben und mit einem großen Messer so lange hacken, bis sich Streusel bilden. Schnell arbeiten, damit die Butter nicht weich wird.

3 Eine Mulde eindrücken, das Ei hineingeben, alles zu einem glatten Teig verarbeiten. Diesen zu einer Kugel formen, in Klarsichtfolie einschlagen und etwa eine Stunde kalt stellen.

Backen

Kuchenboden in der Regel bei etwa 200 °C, etwa 25 Minuten.

Mürbeteig blind backen

Für das Backen von Tortenböden ohne Füllung wird der Teig auf einer kalten, bemehlten Arbeitsfläche ausgerollt, in die Form gegeben und mit einer Gabel mehrmals eingestochen. Den Teig mit Backpapier belegen, die Form mit Hülsenfrüchten (z. B. Linsen) füllen und das Ganze backen. Die Hülsenfrüchte danach zusammen mit dem Backpapier wieder entfernen, aufbewahren und zum Blindbacken wiederverwenden.

Brandteig

Grundrezept für ca. 450 g Teig

60 g Butter
1 Msp. Salz
1/2 TL Zucker
100 g Mehl
2–3 frische Eier
1 TL Backpulver

● **Zubereitungszeit: ca. 30 Min.**

1 25 Milliliter Wasser zusammen mit Butter, Salz und Zucker zum Kochen bringen. Inzwischen das Mehl sieben. Sobald sich die Butter mit dem Wasser verbunden hat, den Topf vom Herd nehmen, das Mehl auf einmal dazugeben und das Ganze mit einem Holzlöffel glatt verrühren.

2 Die Masse auf dem Herd bei geringer Hitze so lange verrühren, bis sie einen Kloß bildet und sich am Topfboden ein Belag absetzt.

3 Den Teig in eine Schüssel füllen, 1 Ei sofort unterrühren. Restliche Eier einzeln dazugeben, sobald der Teig handwarm abgekühlt ist. Sie jeweils gut unterrühren. Dann das Backpulver dazugeben und vermengen.

Backen

Je nach Art des Backwerks auf dem Blech bei etwa 220 °C, etwa 15 bis 25 Minuten, oder in heißem Fett ausbacken.

Biskuitteig

Grundrezept für eine Springform von 24 cm ∅

4 frische Eiweiß
Salz
120 g Zucker
4 frische Eigelb
80 g Mehl
40 g Speisestärke
Backpulver

● **Zubereitungszeit: ca. 30 Min.**

1 Die Eiweiße zusammen mit 1 Prise Salz steifschlagen, dabei ein Drittel der Zuckermenge einrieseln lassen.

2 Die Eigelbe zusammen mit 4 Eßlöffeln kaltem Wasser und dem restlichen Zucker kräftig schaumig schlagen, so daß eine cremige, voluminöse Masse entsteht.

3 Das Mehl mit der Speisestärke und dem Backpulver vermischen. Den Eischnee auf die Eigelbmasse geben und das Mehl darübersieben.

4 Eischnee und Mehl mit einem Schneebesen vorsichtig unterheben. Dabei niemals rühren, sondern den Schneebesen von unten nach oben durch den Teig ziehen. Das Mehl vollständig unterheben.

Backen

Hohe Torten in der Regel bei etwa 180 °C, flache Biskuits bei etwa 200 °C, etwa 30 Minuten. Immer Backpapier verwenden, keinesfalls Formen ausfetten.

Hefeteig

Zutaten für 1 großes Blech

35 g frische Hefe
300 ml lauwarme Milch
5 EL Zucker
70 g Butter
500 g Mehl
Salz
1 frisches Ei
1 frisches Eigelb

- **Zubereitungszeit: ca. 30 Min.**
- **Zeit zum Gehen: ca. 1 Std.**

1 Die Hefe in die Milch krümeln, 1 Teelöffel Zucker einrühren. Den Ansatz zugedeckt an einem warmen Ort etwa 20 Minuten gehen lassen.

2 Die Butter zerlassen und handwarm abkühlen lassen. Das Mehl in eine Schüssel sieben, 1 Prise Salz, Ei, Eigelb, restlichen Zucker und Butter hinzufügen. Den Ansatz dazugeben, alles vermischen und das Ganze zu einem glatten, trockenen Teig verkneten, der sich vom Schüsselrand löst. Zu festen Teig mit etwas Milch lockern, zu weichem Teig etwas Mehl hinzufügen.

3 Den Teig zu einer Kugel formen, mit etwas Mehl bestäuben und zugedeckt an einem warmen Ort 20 bis 25 Minuten gehen lassen, bis sich sein Volumen verdoppelt hat. Ihn dann nochmals kräftig durchkneten, formen und 15 Minuten gehen lassen.

Backen

Je nach Art des Backwerks zwischen 180 °C und 220 °C, etwa 35 bis 45 Minuten.

Quark-Öl-Teig

Zutaten für 1 großes Blech

250 g Magerquark
1 frisches Ei
100 g Zucker
Salz
6 EL Milch
125 ml Pflanzenöl
500 g Mehl
1–1 1/2 P. Backpulver

- **Zubereitungszeit: ca. 30 Min.**

1 Den Quark zusammen mit Ei, Zucker, 1 Prise Salz und Milch in einer Rührschüssel gründlich verquirlen. Nach und nach das Öl in einem dünnen Strahl dazugeben und alles gut vermischen.

2 Das Mehl mit dem Backpulver vermengen. Etwa die Hälfte der Mischung auf die Quarkmasse sieben und das Ganze zu einer zähen Masse verarbeiten.

3 Das restliche Mehl auf eine Arbeitsfläche sieben und in die Mitte eine Mulde drücken. Die Quarkmasse hineingeben und das Ganze mit den Händen von außen nach innen zu einem elastischen Teig verkneten.

Backen

Je nach Art des Backwerks zwischen 175 °C und 200 °C, etwa 30 Minuten.

Kleine Apfelstrudel

100 g ungeschwefelte Rosinen
500 g säuerliche Äpfel
3 EL Zucker, Salz
1 TL Zimtpulver
1 TL abgeriebene Schale von
1 unbehandelten Zitrone
2 EL Pflanzenkeimöl
1 P. Fertigmischung für
Böhmische Knödel (für 3 Portionen)

Außerdem:

Mehl für die Arbeitsfläche
3–4 EL Butter
Puderzucker zum Bestäuben

- **Zubereitungszeit: ca. 40 Min.**
- **Backzeit: ca. 20 Min.**

1 Die Rosinen verlesen, auf einem Sieb heiß abwaschen und abtropfen lassen. Die Äpfel waschen, schälen, entkernen und in dünne Spalten schneiden. Sie zusammen mit Rosinen, Zucker, 1 Prise Salz, Zimtpulver und Zitronenschale vermischen.

2 Das Öl mit kaltem Wasser auf 125 ml Flüssigkeit auffüllen. Die Fertigmischung für Knödel nach Packungsanleitung einrühren, zu einem glatten Teig verkneten, dann mit bemehlten Händen nochmals durchkneten. Den Backofen auf 220 °C vorheizen.

3 Den Teig in vier gleich große Teile teilen. Jedes auf einer bemehlten Arbeitsfläche sehr dünn ausrollen. Jeweils ein Viertel der Apfelmasse darauf verteilen und die Teigstücke zu kleine Strudel zusammenlegen.

4 Ein Backblech mit 1 bis 2 Eßlöffeln Butter einfetten und die Strudel mit der Naht nach unten darauflegen. Sie auf der mittleren Einschubleiste in etwa 20 Minuten backen. Kurz vor Ende der Backzeit die restliche Butter bei geringer Hitze zerlassen. Die Strudel herausnehmen, sofort mit der Butter bestreichen und mit Puderzucker bestäuben.

Tiroler Apfelstrudel

(ohne Abbildung)

Für den Strudelteig:

4 EL Butter, 250 g Mehl
1/2 TL Salz, 1 EL Stärkemehl

Für die Füllung:

1 kg Äpfel
1 EL Zitronensaft
75 g ungeschwefelte Sultaninen
125 g Zucker
1/2 TL Zimtpulver
1 P. Bourbon-Vanillezucker
50 g gehackte Haselnüsse

Außerdem:

Mehl zum Bestäuben
3–4 EL Butter
50 g Puderzucker

- **Zubereitungszeit: ca. 35 Min.**
- **Zeit zum Ruhen: ca. 30 Min.**
- **Backzeit: ca. 55 Min.**

1 Backofen auf 50 °C vorheizen. Die Butter bei geringer Hitze zerlassen. Das Mehl auf eine Arbeitsfläche sieben und mit Salz, 125 ml lauwarmem Wasser und flüssiger Butter zu einem weichen, geschmeidigen Teig verkneten. Mit warmem Wasser bestreichen und abdecken. Backofen ausschalten, Teig etwa 30 Minuten darin ruhen lassen.

2 Inzwischen die Äpfel schälen, vierteln, in dünne Spalten schneiden, mit Zitronensaft beträufeln. Sultaninen verlesen, auf einem Sieb heiß abwaschen, abtropfen lassen.

3 Den Backofen auf 210 °C vorheizen. Ein Küchentuch auf der Arbeitsfläche auslegen, mit Mehl bestäuben und den Teig darauf so dünn wie möglich ausrollen. Dünn zu einem Rechteck auseinanderziehen.

4 Den Teig mit Stärkemehl bestäuben. Die Apfelspalten mit Zucker, Zimtpulver, Sultaninen, Vanillezucker und Nüssen vermischen und darauf verteilen, dabei einen Rand lassen. Die Teigränder etwa 2 cm einschlagen, den Strudel locker aufrollen und an den Enden gut zusammendrücken.

5 Ein Backblech mit 1 bis 2 Eßlöffeln Butter einfetten und den Strudel mit der Naht nach unten darauflegen. Die restliche Butter bei geringer Hitze zerlassen und den Strudel damit bestreichen.

6 Den Strudel auf der mittleren Einschubleiste in etwa 55 Minuten backen, dabei mehrmals mit der restlichen Butter bestreichen, nach dem Backen mit Puderzucker bestäuben und warm oder kalt servieren.

Apfelstrudel mit Apfelkraut

Für den Strudelteig:

3 EL Butter
150 Weizenvollkornmehl
2 EL flüssiges Apfelkraut
(nach Geschmack mit oder ohne Zucker)
Salz

Für die Füllung:

500 g saure Äpfel
(z.B. Boskoop, Jonathan)
1 EL Zitronensaft
50 g ungeschwefelte Rosinen
1/2 TL Zimtpulver
50 g gehackte Mandeln

Außerdem:

Mehl zum Bestäuben
3 EL Butter
30 g Zwiebackbrösel

- **Zubereitungszeit: ca. 40 Min.**
- **Zeit zum Ruhen: ca. 30 Min.**
- **Backzeit: ca. 50 Min.**

1 Den Backofen auf 50 °C vorheizen. Für den Teig die Butter in einem Topf erhitzen und bei geringer Hitze zerlassen. Das Mehl in eine Schüssel sieben und zusammen mit 60 ml lauwarmem Wasser, flüssiger Butter, Apfelkraut und 1 Prise Salz so lange verkneten, bis sich die Masse vom Schüsselrand löst. Den Teig abdecken. Den Backofen wieder ausschalten und den Teig etwa 30 Minuten darin ruhen lassen.

2 Inzwischen die Äpfel waschen, schälen, vierteln und die Kerngehäuse entfernen. Das Fruchtfleisch in dünne Spalten schneiden und mit Zitronensaft beträufeln. Die Rosinen verlesen, auf einem Sieb heiß abwaschen und abtropfen lassen.

3 Den Backofen auf 200 °C vorheizen. Ein Küchentuch auf der Arbeitsfläche auslegen, mit Mehl bestäuben und den Teig darauf so dünn wie möglich ausrollen. Ihn vorsichtig mit dem Handrücken dünn zu einem Rechteck auseinanderziehen. Der Teig muß fast durchsichtig sein.

4 1 Eßlöffel Butter in einem Topf erhitzen, zerlassen und den Teig damit bestreichen. Die Zwiebackbrösel darüberstreuen und die Apfelspalten darauf verteilen. Dabei jeweils einen Rand lassen. Die Äpfel mit Zimtpulver bestäuben und mit Rosinen und Mandeln bestreuen. Die Teigränder etwa 2 cm einschlagen, den Strudel entsprechend der Backblechgröße locker aufrollen und an den Enden gut zusammendrücken.

5 Ein Backblech mit etwa 1 Eßlöffel Butter einfetten und den Strudel darauflegen. Ihn auf der mittleren Einschubleiste in ungefähr 50 Minuten backen und dabei mehrmals mit der restlichen Butter bestreichen, damit er eine mürbe Kruste bekommt.

Apfelstrudel aus Dinkelvollkornmehl

(ohne Abbildung)

Für den Teig:

250 g feines Dinkelvollkornmehl
1/2 TL Salz
4 EL kaltgepreßtes Sonnenblumenöl

Für die Füllung:

1,5 kg säuerliche Äpfel
100 g ungeschwefelte Rosinen
1 TL Zimtpulver
2 EL Zitronensaft
50 g gehackte Haselnüsse
3–4 EL Honig
250 g Quark (40 % Fett)
125 ml Sahne

Außerdem:

Mehl zum Bestäuben
4–5 EL Butter

- **Zubereitungszeit: ca. 40 Min.**
- **Zeit zum Ruhen: ca. 1 Std.**
- **Backzeit: 40–45 Min.**

1 Den Backofen auf 50 °C vorheizen. Das Mehl auf die Arbeitsfläche sieben und in die Mitte eine Vertiefung drücken. Das Salz hineingeben und das Öl sowie 100 ml lauwarmes Wasser löffelweise dazugeben.

2 Alle Zutaten nach und nach von innen nach außen vermengen und zu einem geschmeidigen glatten Teig verkneten. Ihn mit warmem Wasser bestreichen und abdecken. Den Backofen wieder ausschalten und den Teig etwa 1 Std. darin ruhen lassen.

3 Danach den Backofen auf 190 °C vorheizen. Die Äpfel waschen, trockenreiben, entkernen und raspeln. Sie mit Rosinen, Zimtpulver, Zitronensaft und Haselnüssen vermengen und das Ganze je nach Belieben mit Honig süßen und vermischen.

4 Ein Küchentuch auf der Arbeitsfläche auslegen, mit Mehl bestäuben und den Teig darauf so dünn wie möglich ausrollen. Ihn vorsichtig mit dem Handrücken dünn zu einem Rechteck auseinanderziehen. Der Teig muß fast durchsichtig sein.

5 Den Quark durch ein Tuch gut ausdrücken. Die Sahne leicht anschlagen und unter den ausgedrückten Quark geben. Ein Backblech mit etwa 1 Eßlöffel Butter einfetten, die restliche Butter in einem Topf erhitzen und bei geringer Hitze zerlassen. Den Teig mit etwa der Hälfte der Butter bestreichen, die Quarkmischung darauf verteilen und die Füllung darübergeben. Dabei jeweils einen Rand lassen.

6 Den Strudel am Rand etwa 2 cm einschlagen, aufrollen, mit der Naht nach unten auf das Blech geben und mit der restlichen Butter bestreichen. Ihn auf der mittleren Einschubleiste in 40 bis 45 Minuten backen und noch warm servieren.

Tip

Servieren Sie dazu am besten selbstgemachte Vanillesauce (Rezept siehe Seite 61).

Zimt-Apfel-Törtchen

Für den Teig:

60 g weiche Butter
50 g Zucker
1 TL Zimtpulver
1 frisches Ei
50 g Speisestärke
2 1/2 EL Mehl
1/4 TL Backpulver

Für den Belag:

2 kleine Äpfel (z.B. Boskoop)
30 g Preiselbeeren aus dem Glas
1–2 EL Aprikosenkonfitüre

Außerdem:

Butter für die Förmchen

- **Zubereitungszeit: ca. 20 Min.**
- **Backzeit: 15–20 Min.**

1 Den Backofen auf 180 °C vorheizen. Die Butter zusammen mit Zucker, Zimtpulver und Ei in eine Schüssel geben und schaumig schlagen. Die Speisestärke mit Mehl und Backpulver vermischen, auf die Eiermasse sieben und das Ganze mit einem Handrührgerät auf der höchsten Stufe etwa 2 Minuten gut zu einem Teig verrühren.

2 Vier Pieförmchen (10 cm Ø) mit Butter gut ausfetten und den Teig darin verteilen. Die Äpfel waschen, schälen und vierteln. Sie vom Kerngehäuse befreien und in schmale Spalten schneiden. Diese kreisförmig auf dem Teig anordnen und etwas hineindrücken.

3 Die Preiselbeeren auf den Äpfeln verteilen und die Törtchen auf der mittleren Einschubleiste in 15 bis 20 Minuten backen.

4 Sie danach etwas in den Förmchen abkühlen lassen und dann vorsichtig aus den Formen lösen. Zum Schluß die Aprikosenkonfitüre durch ein Sieb in einen Topf streichen, zusammen mit etwas Wasser verrühren, erhitzen und Apfelspalten damit bestreichen.

Tip

Servieren Sie zu den Törtchen am besten halbfest geschlagene Sahne.

Cidre-Apfeltaschen mit Calvados

(ohne Abbildung)

300 g TK-Blätterteig
400 g säuerliche Äpfel
100 ml Cidre
4 EL brauner Zucker
1 TL Bourbon-Vanillezucker
1/2–1 TL Zimtpulver
gemahlene Gewürznelke
geriebene Muskatnuß
1 TL abgeriebene Schale von
1 unbehandelten Zitrone
1 frisches Eiweiß
1 EL Calvados

- **Zubereitungszeit: ca. 40 Min.**
- **Backzeit: 15–20 Min.**

1 Den Blätterteig aus der Verpackung nehmen, die Teigplatten voneinander trennen und etwas antauen lassen. Die Äpfel waschen und schälen. Sie vierteln und vom Kerngehäuse befreien. Das Fruchtfleisch in Würfel schneiden.

2 Für die Füllung die Apfelwürfel zusammen mit Cidre, 3 Eßlöffeln Zucker, Vanillezucker, je 1 bis 2 Prisen Zimtpulver und gemahlener Gewürznelke sowie 1 Prise geriebener Muskatnuß und der abgeriebenen Zitronenschale in einen Topf geben. Das Ganze gut vermischen und zugedeckt bei mittlerer Hitze etwa 10 Minuten köcheln lassen.

3 Inzwischen die Blätterteigplatten so zwischen Klarsichtfolie legen, daß sie sich an den Rändern leicht überlappen. Sie zwischen der Folie zu einer Platte dünn ausrollen.

4 Die Apfelfüllung vom Herd nehmen und gut durchrühren. Sie offen auskühlen lassen. Den Backofen auf 220 °C vorheizen.

5 Aus dem Teig mit Hilfe einer umgedrehten Suppentasse etwa 12 Teigkreise mit etwa 12 cm Durchmesser ausschneiden. Jeweils auf eine Hälfte der Teigkreise etwa 2 Eßlöffel Kompott geben und die andere Teighälfte darüberklappen, so daß eine Teigtasche entsteht. Dabei die Ränder der Teigtaschen fest zusammendrücken.

6 Ein Backblech mit Backpapier belegen. Die Teigtaschen vorsichtig daraufsetzen und an der Oberseite mehrmals mit einer Gabel einstechen.

7 Das Eiweiß zusammen mit dem Calvados schaumig schlagen. Das restliche Zimtpulver mit dem restlichen Zucker vermischen. Die Taschen mit dem Eischaum bestreichen, mit Zimtzucker bestreuen und auf der mittleren Einschubleiste in 15 bis 20 Minuten backen.

Äpfel in Brandteig

Für den Teig:

100 g Butter oder Margarine
1 Msp. Salz
150 g Mehl
5 frische Eier

Für die Äpfel:

12 kleine Äpfel
4 EL Zitronensaft
150 g Marzipanrohmasse

Außerdem:

Puderzucker zum Bestäuben
einige Zweige Minze

- **Zubereitungszeit: ca. 30 Min.**
- **Backzeit: ca. 30 Min.**

1 Die Butter oder Margarine zusammen mit 250 ml Wasser und Salz in einen Topf geben und zum Kochen bringen. Das Mehl auf einmal hineinschütten und das Ganze so lange verrühren, bis sich der Teig als Kloß vom Topfboden löst.

2 Den Teig in eine Rührschüssel geben und nach und nach die Eier unterrühren, bis er streichfähig geworden ist. Den Backofen auf 220 °C vorheizen.

3 Die Äpfel waschen und schälen. Die Kerngehäuse so ausstechen, daß die Apfelstiele stehen bleiben. Das Fruchtfleisch mit Zitronensaft bestreichen.

4 Die Marzipanrohmasse etwas kneten, mit Hilfe eines Teelöffels in die Öffnung der Äpfel geben und mit dem Stiel eines Kochlöffels festdrücken.

5 Ein Backblech mit Backpapier belegen. Die gefüllten Äpfel rundherum mit dem Brandteig bestreichen, auf das Blech setzen und auf der mittleren Einschubleiste in etwa 30 Minuten goldbraun backen.

6 Sie dann vorsichtig vom Blech nehmen, leicht abkühlen lassen, dick mit Puderzucker bestäuben und auf einen großen Teller schichten. Die Minze abbrausen, trockentupfen und dekorativ auf der Pyramide verteilen.

Tip

Diese luftig-fruchtige Spezialität eignet sich besonders gut für die Faschingszeit. Servieren Sie dazu selbstgemachte Vanillesauce (Rezept siehe Seite 61).

Schoko-Marzipan-Apfelküchlein

(ohne Abbildung)

Für den Teig:

2 kleine Äpfel
150 g Butter, 200 g Zucker
1 P. Bourbon-Vanillezucker
6 frische Eier
2 P. Puddingpulver (Schokoladengeschmack)
100 g Mehl
100 g gemahlene Haselnüsse

Für den Überzug:

100 g Marzipanrohmasse
50 g Puderzucker
rote und grüne Speisefarbe
Dekorblätter aus Zartbitter- und Milchschokolade
Zuckerblumen

Außerdem:

Butter für die Formen
1–2 EL Semmelbrösel für die Formen

- **Zubereitungszeit: ca. 30 Min.**
- **Backzeit: ca. 45 Min.**

1 Die Äpfel waschen und schälen. Sie vierteln, vom Kerngehäuse befreien und fein reiben. Den Backofen auf 190 °C vorheizen.

2 Die Butter schaumig schlagen. Zucker, Vanillezucker, Eier und Puddingpulver unterrühren. Das Mehl dazusieben, verrühren und die Nüsse sowie die Äpfel einrühren.

3 Zwei apfelförmige Backformen mit Butter ausfetten und mit den Semmelbröseln bestreuen. Den Teig einfüllen und die Küchlein auf der mittleren Einschubleiste in etwa 45 Minuten backen. Herausnehmen, in der Form abkühlen lassen und stürzen.

4 Die Marzipanrohmasse mit dem Puderzucker verkneten und mit Speisefarben einfärben. Die Masse zwischen Klarsichtfolie legen und ausrollen. Die Küchlein damit umhüllen, restliche Marzipanrohmasse zu Blättern formen. Die Küchlein mit Marzipan- und den Dekorblättern aus Schokolade verzieren.

Apfel-Streuselkuchen vom Blech

Für den Teig:

150 ml Milch
150 g Butterschmalz
500 g Mehl
1 P. Trockenhefe
80 g Zucker
Salz
2 frische Eier

Für den Belag:

100 g Marzipanrohmasse
200 g Apfelmus
1,5 kg säuerliche Äpfel (z.B. Boskoop)
4 EL Butterschmalz
2 EL Zitronensaft

Für die Streusel:

100 g Butterschmalz
175 g Mehl
100 g Zucker
Salz
1 P. Bourbon-Vanillezucker

Außerdem:

Butterschmalz für das Blech

- Zubereitungszeit: ca. 25 Min.
- Zeit zum Gehen: ca. 1 Std.
- Backzeit: ca. 40 Min.

1 Für den Teig die Milch lauwarm erwärmen und das Butterschmalz bei geringer Hitze zerlassen. Das Mehl gründlich mit der Hefe vermischen und mit Milch, Zucker, Butterschmalz, 1 Prise Salz und den Eiern zu einem glatten Teig verkneten. Diesen zugedeckt an einem warmen Ort etwa 1 Stunde gehen lassen.

2 Inzwischen die Marzipanrohmasse zusammen mit dem Apfelmus zu einer gleichmäßigen Masse verarbeiten. Die Äpfel waschen, schälen, achteln und vom Kerngehäuse befreien.

3 Ein Backblech mit Butterschmalz einfetten. Den Backofen auf 180 °C vorheizen. Den Teig nach dem Gehen noch einmal durchkneten und auf dem Blech ausrollen. Die Marzipan-Apfel-Masse darauf verteilen und die Apfelspalten auf die Masse geben. Sie dabei etwas andrücken.

4 Das Butterschmalz erhitzen, mit dem Zitronensaft verrühren und die Äpfel damit bestreichen.

5 Für die Streusel das Butterschmalz erhitzen und zerlassen. Das Mehl zusammen mit dem Zucker, 1 Prise Salz und dem Vanillezucker vermengen. Dabei nach und nach das flüssige Schmalz dazugeben und alles mit einer Gabel vermischen.

6 Die Streusel auf den Äpfeln verteilen und den Kuchen auf der mittleren Einschubleiste in etwa 40 Minuten backen.

Apfelkuchen mit Erdnüssen

(ohne Abbildung)

Für den Teig:

100 g Butter
500 ml Milch
100 g geschälte Erdnußkerne
500 g Weizenvollkornmehl
1 P. Trockenhefe
5 EL flüssiger Honig
Salz
abgeriebene Schale von
1/2 unbehandelten Zitrone

Für den Belag:

50 g ungeschwefelte Korinthen
200 g Preiselbeerkompott aus dem Glas
Saft von 1/2 Zitrone
50 g geschälte Erdnußkerne
1,5 kg säuerliche Äpfel
70 g brauner Zucker

Außerdem:

Butter für das Blech

- **Zubereitungszeit: ca. 25 Min.**
- **Zeit zum Gehen: ca. 30 Min.**
- **Backzeit: ca. 45 Min.**

1 Die Butter in einem Topf erhitzen und bei geringer Temperatur zerlassen. Die Milch lauwarm erwärmen. Die Erdnußkerne fein hacken.

2 Das Mehl in eine Schüssel sieben. Hefe, Honig, 1 Prise Salz, Zitronenschale, Butter und Milch dazugeben und alles zu einem geschmeidigen Teig verkneten. Diesen zugedeckt an einem gleichmäßig warmen Ort etwa 30 Minuten gehen lassen.

3 Inzwischen für den Belag die Korinthen verlesen, auf einem Sieb heiß abwaschen und abtropfen lassen. Das Preiselbeerkompott abtropfen lassen und dabei den Saft auffangen. 3 Eßlöffel Preiselbeersaft mit dem Zitronensaft vermischen. Die Erdnüsse fein hacken.

4 Die Äpfel waschen, schälen vierteln und vom Kerngehäuse befreien. Sie mit der Saftmischung beträufeln.

5 Nachdem der Teig gegangen ist, die Erdnußkerne fein hacken und unter den Hefeteig mengen. Ein Backblech mit Butter einfetten und den Teig darauf ausrollen. Den Backofen auf 180 °C vorheizen.

6 Den Teig gleichmäßig mit den Apfelvierteln belegen. Das Preiselbeerkompott und die Erdnüsse darauf verteilen und das Ganze mit Zucker bestreuen. Den Kuchen auf der mittleren Einschubleiste in etwa 45 Minuten backen.

Apfel-Schmant-Kuchen vom Blech

Für den Teig:

400 g Mehl, 1 P. Backpulver
200 g Magerquark
100 g Zucker
125 ml Milch
1 P. Bourbon-Vanillezucker
Mark von 1 Vanilleschote
Salz, 125 ml Sojaöl

Für die Füllung:

1,5 kg säuerliche Äpfel
4 frische Eier
50 g Zucker
500 g Schmant, 100 g Sahne
abgeriebene Schale von
1 unbehandelten Zitrone

Außerdem:

Mehl für die Arbeitsfläche
Sojaöl für das Blech

- **Zubereitungszeit: ca. 25 Min.**
- **Backzeit: ca. 35 Min.**

1 Das Mehl mit dem Backpulver vermischen und in eine Rührschüssel sieben. Den Quark zusammen mit Zucker, Milch, Vanillezucker, Vanillemark, 1 Prise Salz und dem Öl dazugeben und alles gründlich mit einem Handrührgerät auf mittlerer Stufe knapp 1 Minute zu einem Teig verarbeiten.

2 Den Backofen auf 180 °C vorheizen. Zwei Drittel des Teigs auf einer bemehlten Arbeitsfläche ausrollen. Ein Backblech mit Öl einfetten und mit der Teigplatte auskleiden, dabei einen etwa 2 cm hohen Rand formen.

3 Die Äpfel waschen, schälen, halbieren und entkernen. Sie quer in dünne Scheiben schneiden und diese auf dem Teig verteilen. Die Eier zusammen mit Zucker, Schmant, Sahne und Zitronenschale verrühren und den Guß darauf verteilen.

4 Den restlichen Teig auf einer bemehlten Arbeitsfläche dünn ausrollen, in dünne Streifen schneiden und diese gitterförmig über den Belag legen. Den Kuchen auf der zweiten Einschubleiste von unten in etwa 35 Minuten backen.

Apfel-Vanille-Kuchen vom Blech

(ohne Abbildung)

Für den Teig:

300 g Mehl
1 P. Backpulver
150 g Magerquark
75 g Zucker
60 ml Milch
1 P. Bourbon-Vanillezucker
Salz
60 ml Pflanzenöl

Für den Belag:

100 g ungeschwefelte Rosinen
4 cl Rum
1,5 kg säuerliche Äpfel
1 P. Puddingpulver Vanillegeschmack
2 EL Speisestärke
80 g Zucker
375 ml Milch
1 frisches Ei
125 g Sahne

Außerdem:

Butter für das Blech
2 EL Aprikosenkonfitüre

- **Zubereitungszeit: ca. 25 Min.**
- **Zeit zum Ziehen: ca. 1 Std.**
- **Backzeit: ca. 35 Min.**

1 Die Rosinen verlesen, auf einem Sieb heiß abwaschen und abtropfen lassen. Sie dann in eine Schüssel geben, mit Rum begießen und etwa 1 Stunde ziehen lassen.

2 Danach die Äpfel waschen und schälen. Sie vierteln, vom Kerngehäuse befreien und das Fruchtfleisch in Spalten schneiden.

3 Das Mehl mit dem Backpulver vermischen und in eine Rührschüssel sieben. Den Quark zusammen mit Zucker, Milch, Vanillezucker, 1 Prise Salz und dem Öl dazugeben und alles gründlich mit einem Handrührgerät auf mittlerer Stufe knapp 1 Minute zu einem Teig verarbeiten.

4 Den Backofen auf 190 °C vorheizen. Ein Backblech mit Butter einfetten und den Teig darauf ausrollen. Die Rosinen abtropfen lassen.

5 Das Puddingpulver zusammen mit der Speisestärke und dem Zucker in 8 Eßlöffel Milch anrühren. Die restliche Milch zum Kochen bringen und das Puddingpulver nach Packungsanleitung einrühren. Den Pudding vom Herd nehmen und leicht abkühlen lassen.

6 Das Ei trennen. Die Sahne zusammen mit dem Eigelb unter den Pudding rühren. Das Eiweiß sehr steif schlagen und unter den Pudding ziehen. Die Puddingmasse gleichmäßig auf dem Teig verteilen. Die Masse mit den Rum-Rosinen bestreuen und die Apfelspalten darauf verteilen.

7 Den Kuchen auf der zweiten Einschubleiste von unten in etwa 35 Minuten backen. Danach die Aprikosenkonfitüre durch ein Sieb in einen Topf streichen, zusammen mit etwas Wasser verrühren, zum Kochen bringen und den Kuchen sofort damit bestreichen.

Obstkuchen mit Erdnußcreme

Für den Teig:

400 g Weizenvollkornmehl
1/2 P. Backpulver
250 g Magerquark
75 g brauner Zucker
8 EL Vollmilch (3,5 % Fett)
abgeriebene Schale von
1/2 unbehandelten Zitrone
Salz
8 EL Erdnußöl

Für den Belag:

Je 400 g Äpfel, Birnen und Zwetschgen
2 frische Eier
500 ml Vollmilch (3,5 % Fett)
70 g Weizenvollkornmehl
50 g brauner Zucker
1 P. Bourbon-Vanillezucker
Salz
Saft von 1/2 Zitrone
150 g gemahlene Erdnußkerne

- **Zubereitungszeit: ca. 40 Min.**
- **Backzeit: ca. 20 Min.**

1 Für den Teig das Mehl mit dem Backpulver vermischen und in eine Rührschüssel sieben. Den Quark zusammen mit Zucker, Milch, Zitronenschale, 1 Prise Salz und dem Öl dazugeben und alles gründlich mit einem Handrührgerät auf mittlerer Stufe knapp 1 Minute zu einem Teig verarbeiten. Ein Backblech mit Backpapier auslegen und den Teig darauf ausrollen.

2 Die Früchte waschen und trockenreiben. Die Äpfel und die Birnen schälen, halbieren und vom Kerngehäuse befreien. Sie in Spalten schneiden. Die Zwetschgen halbieren und entkernen. Die Eier trennen. Den Backofen auf 190 °C vorheizen.

3 Für den Belag die Milch zusammen mit Mehl, Zucker, Vanillezucker und 1 Prise Salz in einen Topf geben und das Ganze unter ständigem Rühren aufkochen und bei geringer Hitze dick werden lassen.

4 Die Eiweiße steif schlagen. Die Eigelbe, den Zitronensaft und die Erdnüsse unter die Creme rühren, den Eischnee unterziehen.

5 Die Creme auf dem Teig glatt verstreichen, die Obststücke daraufgeben und den Kuchen auf der zweiten Einschubleiste von unten in etwa 20 Minuten backen.

Apfelkuchen mit Calvadosguß

(ohne Abbildung)

Für den Teig:

750 g Mehl
375 g Butter
175 g Zucker
2 P. Bourbon-Vanillezucker
3 frische Eier

Für den Belag:

2,5 kg Kochäpfel
375 ml trockener Weißwein
abgeriebene Schale von
1 unbehandelten Zitrone
125 g Zucker
150 g Rosinen
80 g gehackte Haselnüsse
500 ml Apfelsud
25 g Speisestärke

Für den Guß:

20 g Kokosfett (100 %)
200 g Puderzucker
6 EL Calvados

Außerdem:

Mehl für die Arbeitsfläche
Butter für das Blech

- **Zubereitungszeit: ca. 30 Min.**
- **Zeit zum Kaltstellen: ca. 1 Std.**
- **Backzeit: ca. 30 Min.**

1 Das Mehl auf eine Arbeitsfläche sieben, in die Mitte eine Mulde hineindrücken. Die Butter in Stücken, Zucker, Vanillezucker und Eier dazugeben, alles zu einem glatten Teig verkneten. Diesen zu einer Kugel formen, in Klarsichtfolie einschlagen und etwa 1 Stunde kalt stellen.

2 Inzwischen die Äpfel waschen, schälen, entkernen und in dickere Spalten schneiden. Den Wein zusammen mit 375 ml Wasser, Zitronenschale und Zucker zum Kochen bringen, die Äpfel darin partieweise kurz halbgar kochen und dann abtropfen lassen. Die Rosinen verlesen, auf einem Sieb heiß abwaschen und abtropfen lassen. Den Sud aufbewahren.

3 Den Backofen auf 220 °C vorheizen. Die Hälfte des Teigs auf einer bemehlten Arbeitsfläche ausrollen. Ein Backblech mit Butter einfetten und den Teig daraufgeben, dabei einen etwa 2 cm hohen Rand formen.

4 Den Teig mit den Nüssen bestreuen, den Äpfeln belegen und die Rosinen darüber verteilen. Den Sud gegebenenfalls mit Wasser auffüllen. Die Stärke mit etwas Sud anrühren, zum Binden einrühren und über die Äpfel verteilen.

5 Den restlichen Teig auf einer bemehlten Arbeitsfläche ausrollen, über die Äpfel legen, an den Rändern fest zusammendrücken und mit einer Gabel mehrmals einstechen. Den Kuchen auf der zweiten Einschubleiste von unten in etwa 30 Minuten backen und dann etwas abkühlen lassen.

6 Das Kokosfett in einem Topf bei geringer Hitze schmelzen und zusammen mit dem Puderzucker und dem Calvados verrühren. Den Kuchen mit dem Guß bestreichen, diesen erstarren lassen und den Kuchen in Portionsstücke schneiden.

Französischer Apfelkuchen vom Blech

Für den Teig:

175 g Butter
abgeriebene Schale von
1 unbehandelten Zitrone
175 g Zucker, 4 frische Eier
400 g Mehl, 3 TL Backpulver

Für den Belag:

1,5 kg Äpfel
1 Btl. Rum-Rosinen
200 g bittere Orangenkonfitüre

Für die Streusel:

200 g Mehl
150 g kalte Butter
100 g Zucker
1 P. Bourbon-Vanillezucker

Außerdem:

Butter für das Blech

- **Zubereitungszeit: ca. 30 Min.**
- **Backzeit: 35–40 Min.**

1 Die Butter zusammen mit der Zitronenschale und dem Zucker schaumig verrühren. Die Eier einzeln dazuschlagen und jeweils gut unterrühren. Das Mehl mit dem Backpulver vermischen, nach und nach dazusieben und unterrühren. Das Ganze zu einem glatten Teig verarbeiten. Ein Backblech mit Butter einfetten und den Teig darauf gleichmäßig verstreichen.

2 Die Äpfel waschen und schälen. Sie vierteln und vom Kerngehäuse befreien. Die Apfelviertel in dünne Spalten schneiden. Den Backofen auf 210 °C vorheizen.

3 Die Apfelspalten zusammen mit den Rum-Rosinen auf dem Teig verteilen. Die Orangenkonfitüre mit 1 bis 2 Eßlöffeln heißem Wasser verrühren und die Äpfel damit bestreichen.

4 Für die Streusel das Mehl auf die Arbeitsfläche sieben und in die Mitte eine Mulde drücken. Die Butter in Stücken in die Vertiefung geben, den Zucker und den Vanillezucker darübergeben. Das Ganze vermengen und zu Streuseln verarbeiten. Die Streusel über den Belag verteilen und den Kuchen auf der mittleren Einschubleiste in 35 bis 40 Minuten backen.

Apfelkuchen mit Aprikosen-Glasur

(ohne Abbildung)

Für den Teig:

375 g Mehl
4 TL Backpulver
abgeriebene Schale von
1 unbehandelten Zitrone
200 g Butter
200 g Zucker
Salz
3 frische Eier
1 Btl. Rum-Rosinen

Für den Belag:

1 kg Äpfel
4 EL Zitronensaft
200 g Aprikosenkonfitüre

Außerdem:

Butter für das Blech

- **Zubereitungszeit: ca. 30 Min.**
- **Backzeit: 30–40 Min.**

1 Das Mehl sieben und mit dem Backpulver und der Zitronenschale vermischen.

2 Die Butter schaumig rühren. Zucker und 1 Prise Salz dazugeben und das Ganze so lange verrühren, bis eine gebundene Masse entstanden ist. Nach und nach die Eier einzeln dazugeben und jeweils gut verrühren. Die Mehlmischung dazugeben und unterrühren. Zuletzt die Rum-Rosinen einrühren. Den Backofen auf 190 °C vorheizen.

3 Ein Backblech mit Butter einfetten und den Teig darauf gleichmäßig verstreichen.

4 Die Äpfel waschen, schälen, vierteln und vom Kerngehäuse befreien. Das Fruchtfleisch in Spalten schneiden und in gleichmäßigen Reihen auf den Teig legen.

5 Die Äpfel mit Zitronensaft beträufeln und den Kuchen auf der mittleren Einschubleiste in 30 bis 40 Minuten backen. Ihn danach abkühlen lassen.

6 Für die Glasur die Aprikosenkonfitüre in einem Topf unter ständigem Rühren erhitzen und durch ein Sieb streichen. Den Kuchen zuletzt mit der Glasur bestreichen und diese trocknen lassen.

Holsteiner Apfelkuchen

(auf dem Foto Seite 96/97)

Für den Teig:

125 g Haferflocken
150 g Mehl, 1/2 TL Salz
40 g gemahlene Mandeln
175 g kalte Butter

Für den Belag:

5–6 säuerliche Äpfel (z.B. Boskoop, Cox Orange, Gloster)
5 EL Aprikosenkonfitüre oder Zitronengelee

Außerdem:

Butter für die Form
2 EL Haferflocken für die Form
Puderzucker zum Bestäuben

- **Zubereitungszeit: ca. 20 Min.**
- **Zeit zum Kaltstellen: ca. 30 Min.**
- **Backzeit: 50–60 Min.**

1 Für den Teig Haferflocken, Mehl, Salz, Mandeln und die Butter in Flöckchen schnell zu einem glatten Teig verkneten. Diesen zu einer Kugel formen, in Klarsichtfolie einschlagen und etwa 30 Minuten kalt stellen.

2 Danach den Backofen auf 190 °C vorheizen. Eine Springform von 26 cm Ø mit Butter ausfetten und mit Haferflocken ausstreuen. Sie mit dem Teig auslegen, dabei einen etwa 2 cm hohen Rand formen.

3 Die Äpfel waschen, schälen und vom Kerngehäuse befreien. Sie in dünne Spalten schneiden und den Teig damit belegen. Den Kuchen auf der mittleren Einschubleiste in 50 bis 60 Minuten backen.

4 Die Aprikosenkonfitüre zusammen mit 2 Eßlöffeln Wasser in einem Topf unter Rühren erhitzen und den Kuchen damit bestreichen. Dann mit Puderzucker bestäuben.

Apfel-Haselnuß-Kuchen vom Blech

Für den Teig:

600 g Mehl
1 P. Backpulver, 200 g Butter
100 g Zucker, Salz
abgeriebene Schale von
1 unbehandelten Zitrone
250 ml Milch

Für den Belag:

150 g ungeschwefelte Rosinen
1,5 kg feinsäuerliche Äpfel
3 EL Zitronensaft
abgeriebene Schale von
1 unbehandelten Zitrone
150 g Zucker
1 TL Zimtpulver
100 g gehackte Haselnüsse

Außerdem:

Mehl für die Arbeitsfläche
Butter für das Blech
1 frisches Eigelb zum Bestreichen
1 EL Sahne

- **Zubereitungszeit: ca. 40 Min.**
- **Zeit zum Ruhen: ca. 1 Std.**
- **Backzeit: ca. 30 Min.**

1 Für den Teig das Mehl mit dem Backpulver vermischen und in eine Rührschüssel sieben. In die Mitte eine Mulde drücken und die Butter in Flöckchen auf dem Mehl verteilen. Zucker, 1 Prise Salz, Zitronenschale und Milch in die Mulde geben, leicht verrühren und dann alles zu einem geschmeidigen Teig verkneten. Diesen zu einer Kugel rollen, in Klarsichtfolie einschlagen und etwa 1 Stunde kalt stellen.

2 Inzwischen die Rosinen verlesen, auf einem Sieb heiß abwaschen und abtropfen lassen. Die Äpfel waschen, schälen, vierteln, vom Kerngehäuse befreien und raspeln. Sie sofort in einer Schüssel mit Zitronensaft und -schale, Zucker, Zimtpulver, Rosinen und gehackten Haselnüssen vermischen.

3 Den Backofen auf 220 °C vorheizen. Den Teig auf einer bemehlten Arbeitsfläche ausrollen. Ein Backblech mit Butter einfetten und es mit etwa drei Vierteln des Teigs auslegen, dabei einen etwa 2 cm hohen Rand formen. Die Apfelmischung auf dem Teig verteilen.

4 Den restlichen Teig in Streifen schneiden und diese gitterförmig über den Belag legen. Das Eigelb mit der Sahne verquirlen und die Teigstreifen damit bestreichen. Den Kuchen auf der mittleren Einschubleiste in etwa 30 Minuten backen.

Gefüllte Apfelteilchen

(ohne Abbildung)

Für den Teig:

500 g Mehl
150 g Zucker
Salz
300 g Butter
2 frische Eier

Für die Füllung:

2 kleine Äpfel
250 g ungeschwefelte Rosinen
3 EL Butter
75 g brauner Zucker
1 TL Zimtpulver
1/2 TL Nelkenpulver
1/2 TL geriebene Muskatnuß
100 ml Weinbrand
Saft und abgeriebene Schale von
1 unbehandelten Zitrone

Außerdem:

Mehl für die Arbeitsfläche
Butter für das Blech
1 frisches Eiweiß
Puderzucker zum Bestäuben

- **Zubereitungszeit: ca. 1 Std.**
- **Zeit zum Kaltstellen: ca. 1 Std.**
- **Backzeit: ca. 25 Min.**

1 Das Mehl in eine Schüssel sieben und mit Zucker, 1 Prise Salz, Butter und Eiern zu einem glatten Teig verarbeiten. Diesen zu einer Kugel formen, in Klarsichtfolie einschlagen und etwa 1 Stunde kalt stellen.

2 Inzwischen die Äpfel waschen, schälen und vierteln. Sie vom Kerngehäuse befreien und fein hacken. Die Rosinen verlesen, auf einem Sieb heiß abwaschen und abtropfen lassen.

3 Die Äpfel zusammen mit Rosinen, Butter, Zucker, Zimtpulver, Nelkenpulver, Muskatnuß, Weinbrand sowie Zitronensaft und -schale in einen Topf geben. Das Ganze erhitzen und bei geringer Hitze offen etwa 30 Minuten köcheln lassen, dabei gelegentlich umrühren. Die Masse vom Herd nehmen und abkühlen lassen.

4 Ein Backblech mit Butter einfetten. Den Backofen auf 210 °C vorheizen. Den Teig auf einer bemehlten Arbeitsfläche ausrollen und Teigplatten mit etwa 8 cm Durchmesser ausstechen. Die Hälfte der Teigplatten auf das Blech setzen. Darauf jeweils etwas Füllung geben.

5 Aus den restlichen Teigplatten kleine Sterne ausstechen. Diese an den Rändern mit Eiweiß bestreichen, auf die Füllung setzen und die Teigränder leicht zusammendrücken. Die Apfelteilchen mit Eiweiß bestreichen und auf der mittleren Einschubleiste in etwa 25 Minuten goldbraun backen. Sie abkühlen lassen und mit Puderzucker bestäuben.

Gedeckter Apfelkuchen

400 g Fertig-Mürbeteig
500 g säuerliche Äpfel
(z.B. Boskoop)
1–2 EL Zucker
1 EL Kondensmilch oder Sahne

Außerdem:
Mehl für Arbeitsfläche
Puderzucker zum Bestäuben

- **Zubereitungszeit: ca. 20 Min.**
- **Backzeit: ca. 40 Min.**

1 Den Boden einer Springform von 18 cm Ø mit Backpapier belegen und einspannen, das überstehende Backpapier abschneiden. Zwei Drittel des Teiges auf einer bemehlten Arbeitsfläche ausrollen und Boden und Rand der Form damit auskleiden. Den Backofen auf 200 °C vorheizen.

2 Die Äpfel waschen, schälen, vierteln und vom Kerngehäuse befreien. Sie in dünne Spalten schneiden und diese in die Form einschichten. Das Ganze mit Zucker bestreuen.

3 Den restlichen Teig auf einer bemehlten Arbeitsfläche dünn ausrollen und auf die Äpfel legen, dabei die Ränder festdrücken. Die Oberfläche mit einer Gabel mehrmals einstechen und mit Kondensmilch oder Sahne bestreichen.

4 Den Kuchen auf der mittleren Einschubleiste in etwa 40 Minuten backen, abkühlen lassen und vor dem Servieren mit Puderzucker bestreuen.

Dänischer Apfelkuchen

(ohne Abbildung)

1,5 kg säuerliche Äpfel
100 g ungeschwefelte Rosinen
125 ml trockener Weißwein
Saft und abgeriebene Schale von
1/2 Zitrone
250 g Zucker
275 g Zwieback
2 P. Bourbon-Vanillezucker
100 g Butter

Außerdem:
Butter für die Form

- **Zubereitungszeit: ca. 45 Min.**
- **Zeit zum Ziehen: 4–6 Std.**

1 Die Äpfel waschen und schälen. Sie vierteln, vom Kerngehäuse befreien und in nicht zu dünne Spalten schneiden. Die Rosinen verlesen, auf einem Sieb heiß abwaschen und abtropfen lassen.

2 Die Apfelspalten zusammen mit Weißwein, Zitronensaft und -schale sowie 150 g Zucker in einen Topf geben und aufkochen. Die Hitze reduzieren und die Äpfel bei geringer Hitze in etwa 5 Minuten nicht zu weich kochen. Die Rosinen dazugeben und das Ganze abkühlen lassen.

3 Den Zwieback in einen großen Gefrierbeutel geben und mit der Nudelrolle gut zerbröseln. Die Brösel mit Vanillezucker und dem restlichen Zucker vermischen.

4 Die Butter in einer Pfanne erhitzen und die Bröselmischung darin rösten. Sie vom Herd nehmen und abkühlen lassen.

5 Springform von 24 cm Ø mit Butter ausfetten und den Boden mit einer Schicht Zwieback bedecken. Darüber eine Schicht Apfelmasse geben. Zwiebackbrösel und Apfelmasse abwechselnd einschichten, dabei mit einer Zwiebackschicht abschließen. Alle Schichten jeweils mit einem Teigschaber fest andrücken.

6 Das Ganze 4 bis 6 Stunden durchziehen lassen und vor dem Servieren stürzen.

Apfel-Mandel-Kuchen

Für den Teig:

180 g Butter, 1/2 TL Salz
4 EL Zucker, 1 frisches Ei
2 EL Sahne, 250 g Mehl

Für den Belag:

3 frische Eier, 3 EL Zucker
200 g geschälte, gemahlene Mandeln
6 Äpfel, 2 EL Aprikosenkonfitüre

Außerdem:

Mehl für die Arbeitsfläche

- **Zubereitungszeit: ca. 1 Std.**
- **Zeit zum Ruhen: ca. 1 Std.**
- **Backzeit: ca. 40 Min.**

1 Für den Teig die Butter zusammen mit dem Salz und dem Zucker schaumig rühren. Das Ei und die Sahne unterrühren und das Mehl nach und nach dazusieben. Das Ganze zu einem glatten Teig verarbeiten. Diesen zu einer Kugel formen, in Klarsichtfolie einschlagen und etwa 1 Stunde kalt stellen.

2 Für den Belag die Eier in eine Schüssel schlagen und mit dem Zucker cremig verrühren. Die Mandeln untermischen und alles zu einer glatten Creme verarbeiten.

3 2 Äpfel waschen, trockenreiben, vierteln und fein reiben. Die geriebenen Äpfel sofort zur Mandelcreme geben und einrühren.

4 Den Backofen auf 220 °C vorheizen. Den Boden einer Springform von 24 cm Ø mit Backpapier belegen, einspannen, überstehendes Backpapier abschneiden. Den Teig auf einer bemehlten Arbeitsfläche ausrollen, die Form damit auskleiden, dabei einen etwa 3 cm hohen Rand formen.

5 Die restlichen Äpfel schälen, längs halbieren und vom Kerngehäuse befreien. Die Apfelhälften fächerförmig einschneiden.

6 Die Mandelcreme auf den Teig geben und verteilen. Die Apfelhälften darauflegen. Den Kuchen auf der zweiten Einschubleiste von unten in etwa 40 Minuten backen.

7 Etwa 10 Minuten vor Ende der Backzeit die Aprikosenkonfitüre in einem Topf unter ständigem Rühren erhitzen und durch ein Sieb streichen.
Etwa 5 Minuten vor Ende der Backzeit die Äpfel mit der Hälfte der Konfitüre bestreichen und den Kuchen im Backofen fertig backen. Ihn dann herausnehmen, mit der restlichen Konfitüre bestreichen und abkühlen lassen.

Einfacher Apfelkuchen

(ohne Abbildung)

150 g Mehl, 110–120 g kalte Butter
1 Msp. Bourbon-Vanillezucker
1 Msp. abgeriebene Zitronenschale von
1 unbehandelten Zitrone
1 frisches Eigelb
5–6 säuerliche Äpfel (z.B. Boskoop,
Cox Orange, Gloster)
2–3 EL Hagelzucker

Außerdem:

Butter für die Form
Puderzucker zum Bestäuben

- **Zubereitungszeit: ca. 25 Min.**
- **Zeit zum Kaltstellen: ca. 30 Min.**
- **Backzeit: ca. 50 Min.**

1 Für den Teig das Mehl auf die Arbeitsfläche sieben und in die Mitte eine Mulde drücken. 100 Gramm Butter in Stücken in die Vertiefung geben, den Vanillezucker und die Zitronenschale darübergeben. Das Ganze vermischen, zu Streuseln verarbeiten und zusammenschieben. Eine Mulde eindrücken, das Eigelb hineingeben und alles zu einem schwer reißenden Teig verarbeiten. Diesen abgedeckt etwa 30 Minuten kalt stellen.

2 Danach den Backofen auf 180 °C vorheizen. Eine Springform von 28 cm Ø mit Butter sehr gut ausfetten. Den Teig in der Form verteilen und mehrmals mit einer Gabel einstechen.

3 Die Äpfel waschen, schälen und achteln. Sie vom Kerngehäuse befreien und dicht auf dem Teigboden verteilen.

4 Das Ganze reichlich mit dem Hagelzucker bestreuen und mit der restlichen Butter in Flocken belegen. Den Kuchen auf der mittleren Einschubleiste in etwa 50 Minuten backen. Ihn herausnehmen, leicht abkühlen lassen und mit Puderzucker bestäuben.

Gefüllte Hefekugeln

(ohne Abbildung)

Zutaten für etwa 16 Stück:

1 Hefewürfel (42 g)
250 ml lauwarme Milch
150 g flüssiger Honig
600 g Weizenvollkornmehl
2 frische kleine Eier
Salz
1 P. Bourbon-Vanillezucker
2 säuerliche Äpfel
Saft von 1 Zitrone
50 g ungeschwefelte Rosinen
3 EL Butter
1 TL Zimtpulver
50 g gehackte Mandeln
2 EL Apfelsaft, 1 EL Ahornsirup

Außerdem:

2 EL Pflanzenöl für die Fettpfanne

- **Zubereitungszeit: ca. 30 Min.**
- **Zeit zum Gehen: ca. 55 Min.**
- **Backzeit: ca. 30 Min.**

1 Die Hefe in die Milch bröckeln und das Ganze zusammen mit 1 Eßlöffel Honig verrühren. Die Hefemischung zudeckt an einem warmen Ort etwa 10 Minuten gehen lassen.

2 Das Mehl in eine Schüssel sieben und eine Mulde hineindrücken. Die Hefemischung zusammen mit dem restlichen Honig, Eiern, 1 Prise Salz und dem Vanillezucker dazugeben und das Ganze zu einem glatten Teig verkneten. Diesen mit einem Tuch abdecken und an einem warmen Ort etwa 45 Minuten gehen lassen.

3 Inzwischen die Äpfel waschen, schälen und vierteln. Sie vom Kerngehäuse befreien und in dünne Spalten schneiden. Diese sofort mit dem Zitronensaft beträufeln, damit sie sich nicht braun verfärben. Die Rosinen verlesen, auf einem Sieb heiß abwaschen und abtropfen lassen.

4 Die Butter erhitzen und die Apfelspalten darin kurz weichdünsten. Sie vom Herd nehmen und mit Zimtpulver, Rosinen, Mandeln, Apfelsaft und Ahornsirup vermischen.

5 Den Backofen auf 190 °C vorheizen. Den Teig nochmals gut durchkneten und in 16 gleich große Stücke teilen. Diese flachdrücken und jeweils mit etwas Füllung belegen. Den Teig um die Füllung schlagen und zu einer Kugel formen.

6 Die Fettpfanne mit Öl ausstreichen. Die Hefekugeln darin verteilen und auf der mittleren Einschubleiste in etwa 30 Minuten backen.

Gefüllter Apfel-Nuß-Kuchen

Für den Teig:

225 g Mehl
75 g Speisestärke
1 frisches Ei
100 g Zucker
200 g kalte Butter

Für die Nußfüllung:

100 ml Milch
1 EL Zucker, 1 EL Rum
125 g gemahlene Haselnüsse
1 EL ungeschwefelte Rosinen

Für die Apfelfüllung:

600 g Äpfel
2 EL Zucker
1/2 TL Zimtpulver
250 g Mohnback

Außerdem:

Butter für die Form
Mehl für die Arbeitsfläche
Puderzucker zum Bestäuben

- **Zubereitungszeit: ca. 45 Min.**
- **Zeit zum Kühlstellen: ca. 1 Std.**
- **Backzeit: ca. 1 Std.**

1 Das Mehl in eine Schüssel sieben und mit der Speisestärke vermengen. Das Ei, den Zucker und die Butter in Stücken dazugeben und das Ganze zu einem Teig verkneten. Diesen zu einer Kugel formen, in Klarsichtfolie einschlagen und etwa 1 Stunde kalt stellen.

2 Für die Nußfüllung die Milch mit Zucker, Rum und Nüssen in einem Topf zu einer glatten Masse verrühren. Das Ganze kurz aufkochen lassen und dann vom Herd nehmen.

3 Für die Apfelfüllung die Rosinen verlesen, auf einem Sieb heiß abwaschen und abtropfen lassen. Die Äpfel waschen und trockenreiben. Sie achteln, entkernen und zusammen mit dem restlichen Zucker, Zimtpulver und den Rosinen kurz dünsten. Sie dann auf einem Sieb abtropfen lassen. Den Backofen auf 180 °C vorheizen.

4 Eine Springform von 26 cm Ø mit Butter ausfetten und mit zwei Dritteln des Teiges auslegen, dabei einen 2 bis 3 cm hohen Rand formen. Den Rest des Teiges in der Größe der Form auf einer bemehlten Arbeitsfläche ausrollen.

5 Die Nußfüllung auf dem Teigboden gleichmäßig verteilen. Das Mohnback darübergeben und die gedünsteten Äpfel kreisförmig darauf verteilen. Die Teigplatte darauflegen und den Kuchen auf der mittleren Einschubleiste in etwa 1 Stunde backen. Ihn vor dem Servieren mit Puderzucker bestäuben.

Walnuß-Apfel-Kuchen

(ohne Abbildung)

Für den Teig:

- *420 g Mehl*
- *2 1/2 TL Backpulver*
- *1 1/2 TL Zimtpulver*
- *1/2 TL geriebene Muskatnuß*
- *1 TL Salz*
- *2 säuerliche Äpfel*
- *(z.B. Granny Smith, Boskoop)*
- *100 g Walnußkerne*
- *3 frische Eier*
- *240 ml Pflanzenöl*
- *400 g Zucker*
- *1 Päckchen Bourbon-Vanillezucker*

Für die Glasur:

- *110 g Puderzucker*
- *1 TL weiche Butter*
- *Salz*
- *1 TL Vanillezucker*
- *1 EL Milch, 1 EL Ahornsirup*

- **Zubereitungszeit: ca. 30 Min.**
- **Backzeit: ca. 1 Std. 30 Min.**

1 Das Mehl mit dem Backpulver vermischen und in eine Schüssel sieben. Das Zimtpulver zusammen mit Muskatnuß und Salz dazugeben und alle Zutaten gründlich miteinander vermengen.

2 Die Äpfel waschen, schälen und vierteln. Die Kerngehäuse entfernen und das Fruchtfleisch reiben. Die Walnußkerne hacken.

3 Den Backofen auf 150 °C vorheizen. Eine Bundform von 24 cm Ø mit Butter ausfetten und mit Mehl leicht ausstäuben.

4 Die Eier zusammen mit dem Pflanzenöl in einer Schüssel verquirlen. Die geriebenen Äpfel, den Zucker sowie den Vanillezucker dazugeben und das Ganze gründlich miteinander verrühren.

5 Ein Drittel der Mehlmischung zur Apfelmasse geben und gründlich unterrühren. Auf diese Weise die gesamte Mehlmischung einrühren und das Ganze zu einem Teig verarbeiten. Zuletzt die Walnüsse unter den Teig heben.

6 Den Teig in die Form füllen und den Kuchen auf der mittleren Einschubleiste in etwa 1 Stunde 30 Minuten backen. Ihn dann herausnehmen und abkühlen lassen.

7 Für die Glasur den Puderzucker in eine Schüssel sieben. Butter, 1 Prise Salz, Vanillezucker, Milch und Ahornsirup dazugeben und alles zu einer Creme verrühren. Den abgekühlten Kuchen damit bestreichen und die Glasur trocknen lassen.

Vollkorn-Apfel-Schnecken

(ohne Abbildung)

Zutaten für etwa 10 Stück

Für den Teig:

- *200 g Weizenvollkornmehl*
- *1 EL Buttermilch, 3 EL Ahornsirup*
- *Salz, 15 g Hefe, 2 EL Butter*

Für die Füllung:

- *50 g ungeschwefelte Rosinen*
- *500 g mürbe Äpfel (z.B. Boskoop)*
- *50 g gehackte Haselnüsse, 1–2 EL Rum*
- *Zimtpulver, 1 EL Ahornsirup*

- **Zubereitungszeit: ca. 30 Min.**
- **Zeit zum Gehen: ca. 1 Std.**
- **Backzeit: 20–30 Min.**

1 Aus den Teig-Zutaten einen Vorteig und dann den Hefeteig formen (siehe Grundrezept, Seite 107).

2 Die Rosinen verlesen, auf einem Sieb heiß abwaschen und abtropfen lassen. Die Äpfel waschen, schälen und vierteln. Vom Kerngehäuse befreien und das Fruchtfleisch würfeln. Die Rosinen mit den Apfelwürfeln in eine Schüssel geben, Haselnüsse, Rum, 2 Prisen Zimtpulver und Ahornsirup hinzufügen und alles vermischen.

3 Den Teig noch einmal durchkneten und auf einer bemehlten Arbeitsfläche zu einem Rechteck ausrollen. Die Apfelfüllung darauf verteilen, dabei etwas Rand lassen. Den Teig locker aufrollen, an der Kante fest zusammendrücken und die Rolle in etwa 10 gleich dicke Scheiben schneiden. Diese 15 Minuten gehen lassen. Den Backofen auf 180 °C vorheizen.

4 Ein Blech mit Backpapier belegen und die Apfelschnecken darauf verteilen. 1 Eßlöffel Butter in einem Topf bei geringer Hitze zerlassen. Die Apfelschnecken damit bestreichen und auf der mittleren Einschubleiste in 20 bis 30 Minuten backen.

Knusprige Apfeltarte

Für den Teig:

100 g Mehl, 100 g Zucker
100 g Butter, Salz

Für den Belag:

1 P. Puddingpulver Sahnegeschmack
500 ml Milch
50 g Zucker nach Belieben
5 feinsäuerliche Äpfel (z.B. Idared)
1 EL gehobelte Mandeln oder gehackte Haselnüsse

Für den Guß:

1 P. klarer Tortenguß
2 EL Zucker
250 ml Apfelsaft

- **Zubereitungszeit: ca. 30 Min.**
- **Zeit zum Kaltstellen: ca. 30 Min.**
- **Vorbackzeit: ca. 20 Min.**
- **Backzeit: ca. 30 Min.**

1 Das Mehl in eine Schüssel sieben und zusammen mit dem Zucker, der Butter und 1 Prise Salz locker verkneten. Den Teig zu einer Kugel formen, in Klarsichtfolie einschlagen und etwa 30 Minuten kalt stellen.

2 Danach den Boden einer Springform von 26 cm Ø mit Backpapier belegen und einspannen, das überstehende Backpapier abschneiden. Den Backofen auf 200 °C vorheizen.

3 Den Teig auf dem Boden der Form verteilen und auf der mittleren Einschubleiste in etwa 20 Minuten goldbraun vorbacken.

4 Inzwischen das Puddingpulver in eine kleine Schüssel geben und zusammen mit 8 Eßlöffel Milch glatt verrühren. Die restliche Milch in einem Topf zum Kochen bringen und vom Herd nehmen. Das angerührte Puddingpulver gleichmäßig unterrühren und das Ganze noch einmal aufkochen lassen. Den Zucker je nach gewünschter Süße hinzufügen. Den Pudding beiseite stellen. Den Kuchenboden aus dem Backofen nehmen und abkühlen lassen.

5 Die Äpfel waschen, schälen und vierteln. Sie vom Kerngehäuse befreien und das Fruchtfleisch in dicke Spalten schneiden. Den Backofen erneut auf etwa 180 °C vorheizen.

6 Den abgekühlten Kuchenboden mit dem Sahnepudding bestreichen und die Apfelspalten kreisförmig darauf verteilen. Darüber die Mandelblättchen oder gehackten Haselnüsse streuen. Die Apfeltarte auf der mittleren Einschubleiste in etwa 30 Minuten fertig backen.

7 Danach die Tarte aus dem Backofen nehmen und abkühlen lassen. Den Tortenguß zusammen mit 2 Eßlöffel Zucker nach Packungsanleitung in den Apfelsaft einrühren und das Ganze unter ständigem Rühren zum Kochen bringen. Den heißen Guß über die Tarte gießen und erstarren lassen.

Apfeltarte

(ohne Abbildung)

Für den Teig:

200 g Mehl
100 g Butter
5 EL Zucker
Salz
1 frisches Ei

Für den Belag:

5 mittelgroße Äpfel

Für den Guß:

2 geh. EL Puddingpulver Vanillegeschmack
50 g Zucker
150 g Sahne
3 frische Eier

Außerdem:

2–3 EL Butter für die Form und zum Bestreichen
Mehl für die Arbeitsfläche

- **Zubereitungszeit: ca. 20 Min.**
- **Zeit zum Kaltstellen: ca. 30 Min.**
- **Backzeit: ca. 1 Std.**

1 Für den Teig das Mehl auf die Arbeitsfläche sieben und in die Mitte eine Mulde drücken. Die Butter in Stücken in die Vertiefung geben, den Zucker und 1 Prise Salz darübergeben. Das Ganze vermischen, zu Streuseln verarbeiten und zusammenschieben. Eine Mulde eindrücken, das Ei hineingeben und alles zu einem glatten Teig verarbeiten. Diesen zu einer Kugel formen, in Klarsichtfolie einschlagen und etwa 30 Min. kalt stellen.

2 Danach den Backofen auf 180 °C vorheizen. Eine Tarte- oder Quicheform von 26 cm Ø mit Butter sehr gut ausfetten. Den Teig in der Form verteilen und mehrmals mit einer Gabel einstechen.

3 Die Äpfel waschen, schälen und vierteln. Sie vom Kerngehäuse befreien und dekorativ auf dem Teigboden verteilen.

4 Für den Guß das Puddingpulver mit dem Zucker vermischen und in die Sahne einrühren. Die Eier dazuschlagen und das Ganze gut verrühren.

5 Den Guß über die Äpfel gießen und die Tarte in etwa 1 Stunde backen. Sie dann aus dem Ofen nehmen. 1 Eßlöffel Butter in einem kleinen Topf bei geringer Hitze zerlassen und damit die Äpfel bestreichen.

Apfelkuchen mit Mandelbelag

Für den Teig:

250 g Mehl
1 frisches Ei
Salz
125 g Zucker
175 g Butter

Für den Belag:

1 frisches Ei
75 g Zucker
1/2 TL Zimtpulver
160 g gemahlene Mandeln
6 mittelgroße feinwürzige Äpfel
2 EL Zitronensaft
4 EL Himbeerkonfitüre
1 EL Puderzucker

Außerdem:

Mehl für die Arbeitsfläche
Butter für die Form

- **Zubereitungszeit: ca. 20 Min.**
- **Zeit zum Ruhen: ca. 2 Std.**
- **Backzeit: ca. 1 Std.**

1 Das Mehl in eine Schüssel sieben und zusammen mit dem Ei, 1 Prise Salz, Zucker und Butter zu einem Teig verkneten. Diesen zu einer Kugel formen, in Klarsichtfolie einschlagen und im Kühlschrank etwa 2 Stunden ruhen lassen.

2 Danach den Teig auf einer bemehlten Arbeitsfläche ausrollen. Eine Spring- oder Pieform von 28 cm Ø mit Butter ausfetten und mit dem Teig auslegen, dabei einen 2 bis 3 cm hohen Rand formen. Den Backofen auf 200 °C vorheizen.

3 Die Äpfel waschen, schälen und halbieren. Sie vom Kerngehäuse befreien und mit dem Zitronensaft bestreichen.

4 Für den Belag das Ei zusammen mit dem Zucker und dem Zimtpulver schaumig rühren. Die Mandeln unterheben. Zwei Apfelhälften in die Mandelmasse raspeln und diese auf dem Teig gleichmäßig verteilen.

5 Die restlichen Apfelhälften an den Rundungen mehrmals gleichmäßig einschneiden und mit der Schnittfläche nach unten auf die Mandelmasse legen.

6 2 Eßlöffel Himbeerkonfitüre mit etwas heißem Wasser verrühren und die Äpfel damit bestreichen.

7 Den Kuchen auf der mittleren Einschubleiste in insgesamt etwa 1 Stunde backen. Nach etwa 20 Minuten der Backzeit die restliche Himbeerkonfitüre mit etwas heißem Wasser verrühren, den Kuchen herausnehmen und nochmals mit Konfitüre bestreichen. Ihn dann fertig backen.

8 Den fertigen Kuchen aus dem Backofen nehmen, abkühlen lassen und dann mit Puderzucker bestäuben.

Apfel-Vollkorn-Kuchen

(ohne Abbildung)

90 g Butterschmalz
100 ml Vollmilch (3,5 % Fett)
4 frische Eier
60 g Zucker
180 g Weizenvollkornmehl
1 TL Korianderpulver
1 TL Backpulver
5–6 mittelgroße Äpfel
2–3 EL Kürbiskerne
2–3 EL Sonnenblumenkerne

Außerdem:
Butter für die Form
Zucker zum Bestreuen

- **Zubereitungszeit: ca. 15 Min.**
- **Backzeit: ca. 35 Min.**

1 Den Backofen auf 180 °C vorheizen. Das Butterschmalz zusammen mit der Milch in einem Topf aufkochen und vom Herd nehmen.

2 Die Eier zusammen mit dem Zucker schaumig schlagen. Die heiße Milchmischung dazugeben und alles nochmals etwa 2 Minuten schlagen.

3 Das Mehl mit Koriander- und Backpulver vermischen, nach und nach in die Mischung sieben, einrühren und alles zu einem geschmeidigen Teig verarbeiten. Eine Springform von 28 cm Ø mit Butter ausfetten, den Teig hineingeben und glattstreichen.

4 Die Äpfel waschen, trockenreiben, achteln und die Kerngehäuse entfernen. Die Apfelachtel ringförmig auf dem Teig verteilen und mit den Kürbis- und Sonnenblumenkernen bestreuen. Den Kuchen auf der zweiten Einschubleiste von unten in etwa 35 Minuten backen. Ihn vor dem Servieren mit Zucker bestreuen.

Tip

Nach Belieben können Sie den Zucker auch durch die entsprechende Menge Streusüße ersetzen.

Süße Apfelpizza

(ohne Abbildung)

Für den Teig:

2 gekühlte runde Blätterteigböden für Pizza (Fertigprodukt, 32 cm ∅)

Für den Belag:

100 g Aprikosenkonfitüre
4 kleine Äpfel (z.B. Cox Orange)

Für den Guß:

100 g Mascarpone
2 frische Eier
1/4 TL Zimtpulver
geriebene Muskatnuß
Nelkenpulver
1 EL Zucker

Außerdem:

Butter für die Bleche

- **Zubereitungszeit: ca. 30 Minuten**
- **Backzeit: ca. 15 Min.**

1 2 Backbleche mit Butter einfetten und die Teigböden darauflegen. Den Backofen auf 220 °C vorheizen.

2 Die Aprikosenkonfitüre in einen Topf geben und unter ständigem Rühren erhitzen. Die Teigböden mit der Konfitüre bestreichen.

3 Die Äpfel waschen und schälen. Sie vierteln und vom Kerngehäuse befreien. Das Fruchtfleisch in sehr dünne Scheiben schneiden.

4 Die Pizzaböden mit den Apfelscheiben belegen und diese mit der restlichen Konfitüre bestreichen.

5 Für den Guß den Mascarpone zusammen mit den Eiern zu einer glatten Creme verrühren. Diese mit Zimtpulver, je 1 Prise Muskatnuß und Nelkenpulver sowie Zucker abschmecken. Den Guß auf den Pizzen verteilen.

6 Die Pizzen nacheinander auf der mittleren Einschubleiste in etwa 15 Minuten goldgelb backen.

Variation

Wenn Sie die Pizzen besonders süß zubereiten wollen, können Sie sie zusätzlich mit Marzipanrohmasse belegen. Verkneten Sie in diesem Fall 200 g Marzipanrohmasse mit 150 g Puderzucker, und rollen Sie aus der Masse zwei Kreise mit etwa 15 cm Durchmesser aus. Legen Sie diese in die Mitte der mit Konfitüre bestrichenen Teigböden, bevor Sie die Äpfel daraufgeben. Backen Sie dann die Pizzen wie oben angegeben.

Feiner Apfelkuchen

Für den Teig:

150 g Butter
100 g Zucker
1 P. Bourbon-Vanillezucker
3 frische Eier
125 g Haferflocken
50 g Mehl
1 geh. TL Backpulver
Salz

Für den Belag:

750 g Äpfel
4 EL Zitronensaft
100 g Walnußkerne

Außerdem:

Butter für die Form
5 EL Aprikosenkonfitüre
Puderzucker zum Bestäuben

- **Zubereitungszeit: ca. 20 Min.**
- **Backzeit: 50–60 Min.**

1 Eine Springform von 22 cm Ø mit Butter ausfetten. Den Backofen auf 190 °C vorheizen. Für den Teig die Butter mit dem Zucker schaumig schlagen. Den Vanillezucker hinzufügen und nach und nach die Eier dazugeben; jeweils einzeln gründlich unterrühren.

2 Das Mehl mit dem Backpulver und 1 Prise Salz vermischen und in die Masse sieben. Haferflocken zufügen und das Ganze zu einem geschmeidigen Teig verarbeiten. Diesen in der Form auslegen.

3 Für den Belag die Äpfel waschen, schälen und vierteln. Sie vom Kerngehäuse befreien und an den Rundungen mehrmals einschneiden. Die Apfelviertel auf dem Teig verteilen, sie dabei etwas hineindrücken, und mit Zitronensaft beträufeln.

4 Die Walnußkerne grob hacken und über die Äpfel geben. Den Apfelkuchen auf der mittleren Einschubleiste in 50 bis 60 Minuten backen. Ihn dann aus dem Backofen herausnehmen.

5 Zum Schluß die Aprikosenkonfitüre durch ein Sieb in einen Topf streichen, zusammen mit etwas Wasser verrühren, unter ständigem Rühren erhitzen und auf den noch heißen Kuchen streichen. Ihn dann abkühlen lassen und vor dem Servieren mit Puderzucker bestäuben.

Apfelkuchen mit saurer Sahne

Für die Streusel:

50 g Mehl, 50 g brauner Zucker
50 g Butter, 1/2 TL Zimtpulver
50 g Mandelblättchen

Für den Belag:

3–4 feinsäuerliche Äpfel (z.B. Elstar)
1 EL Zitronensaft, 1/2 TL Zimtpulver

Für den Teig:

100 g weiche Butter
75 g Puderzucker, 2 frische Eier
200 g Mehl, 1 TL Backpulver
100 g saure Sahne, 1/2 TL Zimtpulver

Außerdem:

Butter für die Form
Mehl für die Form

- **Zubereitungszeit: ca. 35 Min.**
- **Backzeit: 50–60 Min.**

1 Für die Streusel alle Zutaten außer den Mandelblättchen grob miteinander verkneten und kalt stellen.

2 Inzwischen die Äpfel waschen und trockenreiben. Sie vierteln, entkernen, fein raspeln und mit Zitronensaft beträufeln. Den Backofen auf 200 °C vorheizen.

3 Für den Teig die Butter zusammen mit dem Puderzucker schaumig rühren. Nach und nach die Eier dazugeben und unterrühren. Mehl und Backpulver vermischen, sieben und abwechselnd mit dem Sauerrahm hinzufügen. Zuletzt das Zimtpulver dazugeben.

4 Eine Springform von 28 cm Ø mit Butter einfetten und mit Mehl bestäuben. Die Hälfte des Teiges darauf verstreichen, mit den Äpfeln belegen und mit Zimtpulver bestreuen. Den restlichen Teig darüber verteilen.

5 Die Streusel und die Mandelblättchen gleichmäßig auf dem Kuchen verteilen und diesen auf der mittleren Einschubleiste in etwa 50 bis 60 Minuten backen.

Variation

Nach Belieben können Sie den gebackenen Kuchen mit 2 Eßlöffeln feingehackten Pistazien bestreuen.

Apfelmushäppchen

(ohne Abbildung)

Für den Teig:

160 g Mehl, 1 TL Zimtpulver
1 geh. TL Backpulver, 1/4 TL Salz
80 g Apfelmus aus dem Glas
75 ml Pflanzenöl
100 g Zucker, 2 frische Eier
1 P. Bourbon-Vanillezucker

Für die Glasur:

250 g Puderzucker
140 g Frischkäse (Doppelrahmstufe)
2 EL Apfelsaft

Außerdem:

Butter für die Form

- **Zubereitungszeit: ca. 15 Min.**
- **Backzeit: ca. 15 Min.**

1 Das Mehl in eine Schüssel sieben. Zimtpulver, Backpulver und Salz dazugeben und alles gut miteinander vermischen.

2 Das Apfelmus zusammen mit 75 ml Pflanzenöl, Zucker, Eiern und Vanillezucker in eine Schüssel geben und das Ganze kurz miteinander verrühren. Die Mehlmischung dazugeben und alles zu einem Teig verarbeiten.

3 Den Backofen auf 180 °C vorheizen. Eine Backform (22 × 32 cm) mit Butter ausfetten. Den Teig in die Form geben, glattstreichen und den Kuchen auf der mittleren Einschubleiste in etwa 15 Minuten backen.

4 Inzwischen für die Glasur 100 g Puderzucker in eine Schüssel sieben. Den Frischkäse und den Apfelsaft dazugeben und alles gründlich miteinander verrühren. Den restlichen Puderzucker dazusieben und das Ganze zu einer glatten Creme verarbeiten.

5 Den fertig gebackenen Kuchen aus dem Backofen nehmen und leicht abkühlen lassen. Ihn dann gleichmäßig mit der Glasur bestreichen. Ihn in etwa 6 × 5 cm große Rechtecke schneiden und diese zimmerwarm servieren.

Apfeltorte mit Apfelwein

Für den Teig:

250 g Mehl
125 g kaltes Butterschmalz
80 g Zucker
1 Msp. Salz
1 frisches Ei

Für den Belag:

1 kg säuerliche Äpfel (z.B. Boskoop)
2–3 EL Zitronensaft
2 P. Puddingpulver mit Vanillegeschmack
750 ml Apfelwein
200–250 g Zucker
150 g Marzipanrohmasse
3 EL Puderzucker

Für den Guß:

50 g Puderzucker
1–2 TL Zitronensaft

Außerdem:

Mehl für die Arbeitsfläche
Hülsenfrüchte zum Blindbacken

- **Zubereitungszeit: ca. 1 Std.**
- **Zeit zum Kaltstellen: ca. 1 Std.**
- **Vorbackzeit: ca. 15 Min.**
- **Backzeit: ca. 15 Min.**

1 Für den Teig das Mehl auf die Arbeitsfläche sieben und in die Mitte eine Mulde drücken. Das Butterschmalz in Stücken in die Vertiefung geben, Zucker und Salz dazugeben. Das Ganze vermischen, zu Streuseln verarbeiten und zusammenschieben. Eine Mulde eindrücken, das Ei hineingeben und alles zu einem glatten Teig verarbeiten. Diesen zu einer Kugel formen, in Klarsichtfolie einschlagen und etwa 1 Stunde kalt stellen.

2 Inzwischen für den Belag die Äpfel waschen, schälen und vierteln. Sie vom Kerngehäuse befreien und das Fruchtfleisch in kleine Stücke schneiden. Die Apfelstücke sofort mit Zitronensaft beträufeln, damit sie sich nicht braun verfärben.

3 Das Puddingpulver in eine kleine Schüssel geben und zusammen mit 8 Eßlöffel Apfelwein glatt verrühren. Den restlichen Apfelwein in einem Topf zum Kochen bringen und vom Herd nehmen. Das angerührte Puddingpulver gleichmäßig unterrühren und das Ganze noch einmal aufkochen lassen. Den Zucker je nach gewünschter Süße hinzufügen. Den Pudding beiseite stellen.

4 Den Backofen auf 180 °C vorheizen. Den Boden einer Springform von 26 cm Ø mit Backpapier belegen und einspannen, das überstehende Backpapier abschneiden.

5 Den Teig auf einer bemehlten Arbeitsfläche ausrollen und die Form damit auskleiden. Dabei einen etwa 3 cm hohen Rand formen und andrücken. Das Ganze mit Backpapier auslegen, mit Hülsenfrüchten füllen und auf der mittleren Einschubleiste etwa 15 Minuten blindbacken.

6 Die Apfelstücke mit der Puddingmischung verrühren und die Masse auf den Kuchenboden geben. Das Ganze auf der mittleren Einschubleiste etwa 40 Minuten backen.

7 Inzwischen die Marzipanrohmasse mit dem Puderzucker verkneten. Die Masse ausrollen und in etwa 1 cm breite Streifen schneiden. Diese gitterförmig über den Kuchen legen und diesen weitere 15 Minuten backen; ihn danach in der Form abkühlen lassen.

8 Für den Guß den Puderzucker in eine kleine Schüssel sieben und zusammen mit dem Zitronensaft glatt verrühren. Das Marzipangitter mit dem Guß bestreichen und diesen erstarren lassen.

Apfel-Vanille-Torte

8 kleine Äpfel (ca. 1 kg)
1 P. Mürbeteig
250 ml Milch
750 g Sahne
4 EL Zucker
2 P. Puddingpulver Vanillegeschmack
2 frische Eigelb
4 EL gehobelte Mandeln

- **Zubereitungszeit: ca. 30 Min.**
- **Backzeit: ca. 1 Std.**

1 Die Äpfel waschen, schälen und die Kerngehäuse ausstechen. Den Boden der Form mit Backpapier belegen und einspannen, das überstehende Backpapier abschneiden.

2 Den Mürbeteig zwischen Klarsichtfolie legen und zu einem Kreis mit etwa 30 cm Durchmesser ausrollen. Ihn dann in eine Springform von 24 cm Ø legen. Dabei einen etwa 6 cm hohen Rand formen. Die Äpfel auf den Teigboden setzen. Den Backofen auf 180 °C vorheizen.

3 Die Milch zusammen mit der Sahne und dem Zucker in einen Topf geben. Das Puddingpulver in eine kleine Schüssel geben und zusammen mit 8 Eßlöffeln der Milch-Sahne und dem Eigelb glatt verrühren. Die Sahne-Milch zum Kochen bringen und vom Herd nehmen. Das angerührte Puddingpulver gleichmäßig unterrühren und das Ganze noch einmal aufkochen lassen.

4 Den heißen Sahnepudding über die Äpfel gießen und die Mandelblättchen darüberstreuen. Die Torte auf der unteren Einschubleiste in etwa 1 Stunde backen. Sie nach etwa 45 Minuten Backzeit bedecken, damit die Oberfläche nicht zu braun wird.

Apfel-Pie mit Rum-Rosinen

(ohne Abbildung)

Für die Füllung:

100 g Rosinen
4 cl Rum
5–6 säuerlich-aromatische Äpfel
4 EL Zitronensaft
2 EL Zucker
1 TL Zimtpulver
Nelkenpulver und geriebene Muskatnuß nach Belieben
1 EL gehackte Haselnüsse
2 geh. TL Speisestärke

Für den Teig:

250 g Mehl
175 g kalte Butter
Salz

Für die Glasur:

100 g Puderzucker
1 EL Rum

Außerdem:

Mehl für die Arbeitsplatte
Butter für die Form

- **Zubereitungszeit: ca. 40 Min.**
- **Zeit zum Ziehen: ca. 1 Std.**
- **Zeit zum Kaltstellen: ca. 30 Min.**
- **Backzeit: ca. 50 Min.**

1 Die Rosinen verlesen, auf einem Sieb heiß abwaschen und abtropfen lassen. Sie mit Rum beträufeln und etwa 1 Stunde darin ziehen lassen.

2 Inzwischen für den Teig das Mehl in eine Schüssel sieben. Die Butter in kleinen Stücken dazugeben und das Ganze zu einem Teig verkneten. 1 Prise Salz hinzufügen und den Teig noch einmal kräftig durchkneten. Den Teig zu einer Kugel formen, in Klarsichtfolie einschlagen und etwa 30 Minuten kalt stellen.

3 Die Äpfel waschen, schälen und vierteln. Sie vom Kerngehäuse befreien und in nicht zu dicke Spalten schneiden. Sie sofort mit dem Zitronensaft beträufeln, damit sie sich nicht braun verfärben. Den Backofen auf 200 °C vorheizen.

4 Die Apfelspalten zusammen mit Zucker, Zimtpulver, nach Belieben je 1 Prise Nelkenpulver und geriebener Muskatnuß, Haselnüssen und Speisestärke in eine Schüssel geben und alles gut vermischen.

5 Den Teig in zwei gleich große Stücke teilen und diese jeweils dünn zu einer runden Teigplatte ausrollen. Eine Pieform von 26 cm Ø mit Butter ausfetten und eine Teigplatte als Boden darin auslegen. Diese mit einer Gabel mehrmals einstechen.

6 Die Apfelmischung auf dem Teigboden verteilen. Die zweite Teigplatte darauflegen und die Teigränder fest zusammendrücken. Den Pie auf der mittleren Einschubleiste in etwa 50 Minuten backen. Ihn dann herausnehmen und leicht abkühlen lassen.

7 Für die Glasur den Puderzucker in eine kleine Schüssel sieben und mit dem Rum glatt verrühren. Die Glasur auf dem warmen Pie verstreichen, erstarren lassen und den Pie noch warm servieren.

Variation

Für die Füllung können Sie anstelle von Haselnüssen auch die gleiche Menge Mandelstifte verwenden.

Gedeckte Apfeltorte

(ohne Abbildung)

Für den Teig:

250 g Mehl
125 g kalte Butter
Salz
1 P. Bourbon-Vanillezucker
125 g Zucker
1 frisches Ei

Für die Füllung:

100 g ungeschwefelte Sultaninen
4 mittelgroße aromatisch-säuerliche Äpfel
4 EL Zitronensaft
1 TL Zimtpulver
3 EL Zucker
50 g gehackte Mandeln

Für die Glasur:

100 g Puderzucker
2–3 EL Zitronensaft

Außerdem:

Mehl für die Arbeitsfläche
Butter für die Form
3 EL Semmelbrösel
1 frisches Eigelb
2 EL Aprikosenkonfitüre

- **Zubereitungszeit: ca. 25 Min.**
- **Zeit zum Kaltstellen: ca. 2 Std.**
- **Backzeit: ca. 45 Min.**

1 Für den Teig das Mehl auf die Arbeitsfläche sieben und in die Mitte eine Mulde drücken. Die Butter in Stücken in die Vertiefung geben, 1 Prise Salz, Vanillezucker und Zucker darübergeben. Das Ganze vermischen, zu Streuseln verarbeiten und zusammenschieben. Eine Mulde eindrücken, das Ei hineingeben und alles zu einem glatten Teig verarbeiten. Diesen zu einer Kugel formen, in Klarsichtfolie einschlagen und etwa 2 Stunden kalt stellen.

2 Inzwischen die Sultaninen verlesen, auf einem Sieb heiß abwaschen und abtropfen lassen. Die Äpfel waschen, schälen und vierteln. Sie vom Kerngehäuse befreien und in dünne Spalten schneiden. Die Apfelspalten in eine Schüssel geben und sofort mit dem Zitronensaft beträufeln, damit sie sich nicht braun verfärben. Zimtpulver, Sultaninen, Zucker und Mandeln dazugeben und das Ganze gut vermengen.

3 Den gekühlten Teig aus dem Kühlschrank nehmen. Den Backofen auf 200 °C vorheizen. Eine Springform von 26 cm Ø mit Butter ausfetten.

4 Zwei Drittel des Teiges auf einer bemehlten Arbeitsfläche ausrollen und die Form damit auch am Rand auskleiden. Den Teigboden mit einer Gabel mehrmals einstechen und mit den Semmelbröseln bestreuen.

5 Die Apfelmischung einfüllen. Den restlichen Teig auf einer bemehlten Arbeitsfläche zu einer runden Platte ausrollen und über die Füllung legen, dabei die Teigränder fest zusammendrücken. Die Teigdecke mehrmals mit einer Gabel einstechen.

6 Das Eigelb verquirlen und die Teigplatte damit bestreichen. Die Torte auf der unteren Einschubleiste in etwa 45 Minuten backen. Sie dann in der Form abkühlen lassen und danach auf ein Kuchengitter legen.

7 Die Aprikosenkonfitüre durch ein Sieb in einen Topf streichen, zusammen mit etwas Wasser verrühren und unter ständigem Rühren aufkochen lassen. Die Torte damit bestreichen und die Konfitüre trocknen lassen.

8 Für die Glasur den Puderzucker in eine kleine Schüssel sieben. Den Zitronensaft dazugeben und das Ganze cremig verrühren. Zum Schluß die Torte damit glasieren.

Mexikanische Apfeltorte

Für die Füllung:

700 g Äpfel, Saft von 1 Zitrone
4 EL Butter
75 g gehackte Mandeln
5 EL Zucker

Für den Teig:

225 g Butter, 150 g Zucker
1 P. Vanillezucker
5 frische Eier
200 g Haferflocken
75 g Mehl
1 1/2 TL Backpulver
abgeriebene Schale von
1 unbehandelten Zitrone
Salz

Außerdem:

Butter für die Form
1 EL Haferflocken für die Form

- **Zubereitungszeit: ca. 45 Min.**
- **Backzeit: ca. 1 Std.**

1 Für die Füllung die Äpfel waschen, schälen, vierteln und vom Kerngehäuse befreien. Das Fruchtfleisch in Stücke schneiden, mit dem Zitronensaft vermischen und in einen Topf geben. Das Ganze bei geringer Hitze etwa 5 Minuten weich dünsten. Die Masse vom Herd nehmen, erkalten lassen und dann mit Butter, Mandeln und Zucker vermischen.

2 Den Backofen auf 190 °C vorheizen. Für den Teig die Butter zusammen mit dem Zucker schaumig rühren. Den Vanillezucker dazugeben und die Eier einzeln gründlich unterrühren.

3 Nun die Haferflocken dazugeben, das Mehl mit dem Backpulver vermischen und in die Masse sieben. Die Zitronenschale und 1 Prise Salz hinzufügen und das Ganze mit einem Handrührgerät auf höchster Stufe etwa 1 Minute zu einem Teig verrühren.

4 Eine Sprinform von 28 cm Ø mit Butter ausfetten und mit Haferflocken ausstreuen. Zwei Drittel des Teiges in die Form geben und glatt verstreichen.

5 Die Apfelfüllung auf dem Teig verteilen. Den restlichen Teig mit Hilfe eines Teelöffels häufchenweise auf die Füllung setzen. Den Kuchen auf der mittleren Einschubleiste in etwa 1 Stunde backen. Ihn danach in der Form abkühlen lassen.

Apfelmustorte

(ohne Abbildung)

Für den Teig:

2 frische Eier
100 g Zucker
125 g Mehl
1 TL Backpulver

Für die Füllung:

100 g ungeschwefelte Rosinen
5 EL Calvados
1 Päckchen weiße Gelatine
710 g Apfelmus (aus dem Glas)
375 g Sahne
2 EL Puderzucker
2 P. Sahnesteif

Für die Garnitur:

1 Apfel
1 EL Zitronensaft

- **Zubereitungszeit: ca. 50 Min.**
- **Backzeit: 20–30 Min.**

1 Den Backofen auf 200 °C vorheizen. Den Boden der Form mit Backpapier belegen und einspannen, das überstehende Backpapier abschneiden. Für die Füllung die Rosinen verlesen, auf einem Sieb heiß abwaschen und abtropfen lassen. Sie mit dem Calvados begießen und etwa 1 Stunde ziehen lassen.

2 Inzwischen für den Teig die Eier zusammen mit 3 Eßlöffel heißem Wasser mit einem Handrührgerät auf höchster Stufe 1 Minute schaumig schlagen. Den Zucker einrieseln lassen und das Ganze noch etwa 2 Minuten schlagen. Das Mehl mit dem Backpulver vermischen, auf die Eiercreme sieben und vorsichtig unterrühren.

3 Den Teig in eine Springform von 26 cm Ø geben und den Tortenboden auf der mittleren Einschubleiste in 20 bis 30 Minuten backen. Ihn dann abkühlen lassen und einmal waagerecht durchschneiden.

4 Die Gelatine nach Packungsanleitung mit 4 bis 6 Eßlöffeln kaltem Wasser anrühren und etwa 10 Minuten quellen lassen. Sie unter ständigem Rühren erhitzen, bis sie vollständig gelöst ist, und dann leicht abkühlen lassen.

5 Die Rosinen abtropfen lassen und zusammen mit dem Apfelmus in eine Schüssel geben. Einige Eßlöffel Apfelmus zur Gelatine geben und kurz durchrühren. Die Mischung in die Schüssel geben und das Ganze so lange verrühren, bis die Masse anfängt zu gelieren. Sie dann auf den unteren Tortenboden verstreichen und mit dem oberen Tortenboden bedecken. Diesen gut andrücken.

6 Die Sahne etwa 30 Sekunden steif schlagen. Den Puderzucker mit dem Sahnesteif vermischen, in die Sahne streuen und diese sehr steif schlagen.

7 Etwas Sahne in einen Spritzbeutel mit gezackter Tülle füllen, mit der restlichen Sahne die Torte bestreichen. Die Sahne mit dem Spritzbeutel dekorativ auftragen.

8 Den Apfel waschen und trockenreiben. Ihn vierteln, vom Kerngehäuse befreien und in dünne Spalten schneiden. Den Zitronensaft mit 1 Eßlöffel Wasser vermischen, die Apfelspalten damit bestreichen und mit diesen die Torte garnieren.

Apfel-Sahne-Torte

Für den Mürbeteig:

375 g Mehl
250 g kalte Butter
125 g Zucker
75 g gemahlene Mandeln
1 frisches Ei

Für den Biskuitteig:

90 g Butter
6 frische Eier
175 g Zucker
150 g Mehl

Für die Apfelmasse:

50 g Rosinen
5 süß-säuerliche Äpfel (z.B. Jonagold)
75 g Zucker
25 g gehackte Mandeln
Saft einer halben Zitrone

Für die Garnitur:

2 Äpfel
1 EL Zitronensaft
1 EL Honig
3–4 EL gehackte Mandeln
1 EL Butter

Für die Sahne:

250 g Sahne
50–80 g Zucker
1 EL Calvados
Sahnesteif

Außerdem:

Butter für die Form
Mehl für die Form und die Arbeitsfläche

- **Zubereitungszeit: ca. 2 Std. 30 Min.**
- **Vorbackzeit: ca. 35 Min.**
- **Vorbackzeit: ca. 15 Min.**
- **Backzeit: ca. 20 Min.**

1 Für den Mürbeteig das Mehl auf die Arbeitsfläche sieben und in die Mitte eine Mulde drücken. Die Butter in Stücken in die Vertiefung geben, Zucker und Mandeln darübergeben. Das Ganze vermischen, zu Streuseln verarbeiten und zusammenschieben. Eine Mulde eindrücken, das Ei hineingeben und alles zu einem glatten Teig verarbeiten. Diesen zu einer Kugel formen, in Klarsichtfolie einschlagen und etwa 1 Stunde kalt stellen.

2 Inzwischen für den Biskuit die Butter in einem Topf erwärmen und bei geringer Hitze zerlassen. Sie beiseite stellen und abkühlen lassen. Die Eier trennen. Den Backofen auf 180 °C vorheizen.

3 Die Eiweiße sehr steif schlagen. Die Eigelbe in eine Schüssel geben und zusammen mit dem

Zucker und 4 Eßlöffeln lauwarmem Wasser schaumig schlagen. Ein Drittel des Eischnees unter die Eiercreme rühren, das Mehl darübersieben und die noch flüssige Butter dazugießen. Den restlichen Eischnee auf die Masse geben und alles vorsichtig unterheben.

4 Eine Springform von 26 cm Ø mit Butter ausfetten und mit Mehl ausstäuben. Die Biskuitmasse hineingeben und glattstreichen. Den Biskuit auf der mittleren Einschubleiste in etwa 35 Minuten backen. Den fertigen Biskuit auskühlen lassen.

5 Danach den Backofen auf 180 °C vorheizen. Für den Tortenboden zwei Drittel des Mandelmürbteigs auf einer bemehlten Arbeitsfläche dünn ausrollen. Die Form ausfetten, mit dem Teig belegen und diesen in etwa 15 Minuten vorbacken. Inzwischen den Biskuitboden waagrecht in drei Böden schneiden. Den Mürbeteigboden aus dem Backofen nehmen und den restlichen Teig zu einem Rand formen. Diesen um den Boden legen und einen Biskuitboden einlegen.

6 Für die Apfelmasse die Rosinen verlesen, auf einem Sieb heiß abwaschen und abtropfen lassen. Die Äpfel waschen, schälen und vierteln. Sie vom Kerngehäuse befreien und das Fruchtfleisch kleinschneiden. Rosinen, Äpfel, Zucker, Mandeln und Zitronensaft miteinander vermischen. Die Hälfte der Masse auf den eingelegten Biskuitboden verteilen, mit einem weiteren Biskuitboden belegen und darauf die restliche Apfelmasse geben. Das Ganze etwa 20 Minuten auf der mittleren Einschubleiste backen und auskühlen lassen. Dann den dritten Boden darauflegen.

7 Für die Garnitur die Äpfel waschen und trockenreiben. Sie vierteln und entkernen. Einige Spalten schneiden und diese in kochendem Wasser kurz blanchieren, abschrecken und abtropfen lassen. Sie dann mit Zitronensaft und Honig bestreichen. Aus dem restlichen Fruchtfleisch 12 dekorative Apfelstücke schneiden. Die Mandeln in einer beschichteten Pfanne zusammen mit der Butter kurz anrösten.

8 Für den Sahnemantel die Sahne zusammen mit Zucker, Sahnesteif und Calvados schlagen und die Torte damit bestreichen. Diese in 12 Stücke teilen und jeweils eine Rosette darauf spritzen. Auf jede Rosette ein Apfelstück legen, die Tortenmitte mit Apfelspalten dekorieren. Zum Schluß die gehackten Mandeln darüberstreuen.

Schnelle Apfeltörtchen

(ohne Abbildung)

3 Äpfel
2 EL Zitronensaft
3 EL Apfelkorn
4 Biskuittörtchen (Fertigprodukt)
250 g Sahne
1 P. Bourbon-Vanillezucker
2 cl Apfelkorn

- **Zubereitungszeit: ca. 20 Min.**

1 Die Äpfel waschen und schälen. Sie vierteln, vom Kerngehäuse befreien und in Spalten schneiden. Diese in eine für die Mikrowelle geeignete Schüssel geben.

2 Den Zitronensaft mit dem Apfelkorn vermischen und damit die Apfelspalten beträufeln. Das Ganze abdecken und in der Mikrowelle bei höchster Leistung 4 Minuten dünsten.

3 Die Apfelmischung auf die Törtchen verteilen und mit dem Sud beträufeln. Die Sahne zusammen mit dem Vanillezucker und dem Apfelkorn steif schlagen. Die Törtchen mit der Sahne dekorieren.

Weihnachts-Apfeltorte

Für den Biskuit:

7 frische Eier
180 g Zucker
300 g gemahlene Haselnüsse
50 g Speisestärke

Für die Apfelcreme:

5 süß-säuerliche Äpfel (z.B. Berlepsch)
100 g Zucker
1 P. Bourbon-Vanillezucker
4–5 EL Zitronensaft
4 cl Calvados
325 ml Milch
100 g Sahne
50 g Zucker
Salz
1/2 Vanilleschote
1 großes frisches Eigelb
25 g Weizenstärkemehl

Für den Belag:

400 g Marzipanrohmasse
120 g Puderzucker
rote und gelbe Speisefarbe

Außerdem:

Butter für die Form
Mehl für die Form
Puderzucker zum Bestäuben

- **Zubereitungszeit: ca. 1 Std.**
- **Backzeit: 50–60 Min.**

1 Den Backofen auf 170 °C vorheizen. Eine Springform von 26 cm Ø mit Butter ausfetten und mit Mehl ausstäuben. Die Eier in eine Schüssel schlagen und mit dem Handrührgerät auf höchster Stufe 1 Minute verschlagen. Den Zucker dazugeben und das Ganze noch weitere 2 Minuten verschlagen. Die gemahlenen Haselnüsse mit der Speisestärke mischen und nach und nach auf der niedrigsten Stufe unterrühren.

2 Die Masse in die Form füllen und auf der mittleren Einschubleiste 50 bis 60 Minuten backen.

3 Inzwischen für die Creme die Äpfel waschen, schälen und vierteln. Sie vom Kerngehäuse befreien und das Fruchtfleisch in kleine Stücke schneiden. Diese zusammen mit dem Zucker, dem Vanillezucker und dem Zitronensaft in einen Topf geben und zugedeckt etwa 5 Minuten dünsten. Zuletzt den Calvados unterrühren und die Masse vom Herd nehmen.

4 260 ml Milch zusammen mit der Sahne, dem Zucker, 1 Prise Salz und der Vanilleschote auf etwa 60 °C erhitzen. Die Vanilleschote herausnehmen, längs aufschlitzen und das Mark herauskratzen. Es zurück in die Milchmischung geben und das Ganze aufkochen lassen. Die Milchmischung vom Herd nehmen.

5 Das Eigelb in einer kleinen Schüssel verquirlen und zusammen mit dem Stärkemehl und der restlichen Milch glatt verrühren. Das Ganze in die Milchmischung einrühren und zur Creme abbinden. Diese unter ständigem Rühren noch einmal erhitzen, aber nicht mehr aufkochen lassen. Sie dann sofort in eine Schüssel füllen und erkalten lassen.

6 Den Biskuit aus dem Backofen nehmen, stürzen und in der Form auskühlen lassen.

7 Inzwischen die Marzipanrohmasse zusammen mit dem Puderzucker verkneten und zwei Drittel der Masse zwischen Klarsichtfolie zu einer etwa 1 Millimeter dünnen runden Platte ausrollen, die etwa 6 cm größer als die Torte sein sollte.

8 Die Äpfel in die erkaltete Creme mischen. Den Biskuit einmal waagrecht zu zwei Böden durchschneiden. Einen Boden mit der Hälfte der Creme bestreichen, den anderen Biskuitboden darauflegen und die restliche Creme darauf verstreichen.

9 Nun den Marzipanmantel vorsichtig auf die Torte stürzen und rundum andrücken. Überstehendes Marzipan am unteren Tortenrand glatt abschneiden. Einen Teil der restlichen Masse mit roter Speisefarbe färben und daraus Äpfel formen. Die restliche Masse gelb färben, ausrollen und Sterne ausstechen. Zuletzt die Torte mit Puderzucker bestäuben und mit Marzipanäpfeln und -sternen dekorieren.

Apfelbowle

Zutaten für ca. 10 Gläser:

4 säuerliche Äpfel (z.B. Elstar)
200 g Zucker
1,5 l trockener Weißwein oder Cidre
1/2 Zimtstange
1 Stück Schale von
1 unbehandelten Zitrone
4 cl Calvados
0,7 l Sekt

Außerdem:

einige Blätter Zitronenmelisse
oder Pfefferminze

- **Zubereitungszeit: ca. 20 Min.**
- **Zeit zum Ziehen: mindestens 3 Std.**

1 Die Äpfel waschen und trockenreiben. Die Kerngehäuse ausstechen und das Fruchtfleisch in dünne Scheiben schneiden.

2 Den Zucker in ein Bowlengefäß geben und etwa 400 Milliliter Weißwein oder Cidre dazugießen. Das Ganze so lange umrühren, bis sich der Zucker gelöst hat.

3 Die Apfelscheiben, die Zimtstange und die Zitronenschale hinzufügen und das Ganze mit Weißwein oder Cidre auffüllen, bis die Äpfel vollständig bedeckt sind. Den Calvados dazugießen und den Bowlenansatz mindestens 3 Stunden kalt stellen und ziehen lassen. Den restlichen Weißwein oder Cidre kühl stellen.

4 Danach den restlichen kühlen Weißwein oder Cidre zu dem Bowlenansatz geben und das Ganze mit Sekt aufgießen. Die Zitronenmelisse- oder Pfefferminzblätter abbrausen und gut trockenschütteln. Ein paar Blätter in die Bowle geben, den Rest zum Garnieren verwenden.

Tip

Sie können die Apfelbowle auch alkoholfrei zubereiten. Ersetzen Sie hierfür den Weißwein oder Cidre durch die gleiche Menge Apfelsaft und den Sekt durch die gleiche Menge Mineralwasser.

Big Apple

Zutaten für 1 Drink:

3 cl Noilly Prat (ersatzweise ein anderer trockener Wermut)
2 cl Calvados Boulard
2 cl Pêcher Mignon

Zum Garnieren:

1 sehr kleiner Apfel

1 Sämtliche Zutaten in ein Rührglas auf viel Eiswürfel geben.

2 Das Ganze gut verrühren und durch ein Barsieb in ein vorgekühltes Cocktailglas geben. Big Apple zuletzt mit einem sehr kleinen Apfel garnieren und servieren.

Calvados-Cocktail

Zutaten für 1 Drink:

4 cl Calvados (ersatzweise anderen Apfelbranntwein)
1 cl Gin
4 cl Orangensaft
1 cl Grenadinesirup

Zum Garnieren:

1 Apfelstück

1 Sämtliche Zutaten zusammen mit einigen Eiswürfeln in den Cocktailshaker geben.

2 Die Mischung kräftig schütteln und durch ein Barsieb in ein Cocktailglas geben. Zuletzt das Apfelstück an den Glasrand hängen und den Drink servieren.

Calvados-Grog

Zutaten für 1 Drink:

100 ml Apfelsaft
4 cl Calvados (ersatzweise anderen Apfelbranntwein)
1 Prise Zimt
evt. etwas Zucker

1 Den Apfelsaft sehr heiß erhitzen und in ein Grogglas geben.

2 Den Calvados dazugeben und das Ganze mit 1 Prise Zimt servieren. Nach Belieben etwas Zucker einrühren.

Tip

Laut Gesetz dürfen nur solche Apfelbranntweine unter der Bezeichnung Calvados vermarktet werden, die aus einer bestimmten Region in der Normandie (Frankreich) stammen und nach einem genau festgelegten Destillierverfahren gebrannt wurden (Appellation Calvados contrôlée).

Alphabetisches Rezeptverzeichnis

Soja Öl

Bildnachweise:

ADAM/Ketchum PR, München: Seite 6, 10–13, 28/29, 33, 34, 35, 37, 38, 39, 41, 43, 44, 45, 46, 47, 49, 51 unten, 53, 57, 64, 70, 75, 85, 87, 89, 93, 95, 124, 132, 134, 139, 145, 148, 151, 152;
AMC Handelsgesellschaft mbH, Bingen: Seite 102, 103;
Biskin/Union Deutsche Lebensmittelwerke GmbH, Hamburg: Seite 51 oben;
Calvados Boulard/headware Agentur für Kommunikation, Königswinter: Seite 153;
Canderel/NutraSweet Informationsbüro, Kronberg: Seite 82, 90;
CMA, Bonn-Bad Godesberg: Seite 68, 69;
CMA Butterschmalz/G. Fiedler PR, Hamburg: Seite 116, 141;
CMA/wpr communication E. Rechenburg, Königswinter: Seite 42, 59;
GMF, Bonn: Seite 98;
Grafschafter/Agentur comit, Düsseldorf: Seite 110:
Dr. Grandel/Herbert Wirths PR, Fischach: Seite 32;
headware Agentur für Kommunikation, Königswinter: Seite 76;
Hohes C/The Food Professionals Köhnen GmbH, Sprockhövel: Seite 55;
Kanne Brottrunk/Herbert Wirths PR, Fischach: Seite 62;
Peter Kölln, Köllnflockenwerke, Elmshorn: Seite 31 unten, 60, 69, 78, 80, 88, 96/97, 137, 146;
Mondamin/Treffpunkt Küche Presseservice, Heilbronn: Seite 61, 72, 73, 112, 130;
Natreen/Sara Lee Deutschland GmbH, Köln: Seite 63, 65;
Palmin/Union Deutsche Lebensmittelwerke GmbH, Hamburg: Seite 77;
Pfanni/Treffpunkt Küche Presseservice, Heilbronn: Seite 109;
Rama/Union Deutsche Lebensmittelwerke GmbH, Hamburg: Seite 31 oben;
Sanella „Frische Teige“/Union Deutsche Lebensmittelwerke GmbH, Hamburg: Seite 71, 127, 142;
Sanella/Union Deutsche Lebensmittelwerke GmbH, Hamburg: Seite 67, 115;
Schwartauer Werke/Segmenta PR, Hamburg: Seite 81, 105, 107, 122, 128;
Sojaöl/Dr. Muth PR, Hamburg: Seite 48, 118, 155;
SURIG-Essig-Essenz/G. Fiedler PR, Hamburg: Seite 15, 18, 20, 21, 22, 23, 24, 25, 26, 27;
UBENA/Treffpunkt Küche Presseservice, Heilbronn: Seite 100;
USA-Erdnüsse/Dr. Muth PR, Hamburg: Seite 120;
Verband der Essigindustrie e.V., IPR & O, Bonn: Seite 17.

Impressum:

Umschlaggestaltung: Ralf Rüffle, Unipart, Remseck
Umschlagfoto: StockFood / S. & P. Eising, München
Konzeption und Produktion:
Dr. Reitter & Partner Verlag GmbH, 85591 Vaterstetten
Printed in Germany

ISBN 3-89755-437-2